PUHUA BOOKS

我们一起解决问题

赢在人力资源系列图书

工时与工资实务操作指南及疑难解析

陈 豪◎著

人民邮电出版社
北 京

图书在版编目（CIP）数据

工时与工资实务操作指南及疑难解析 / 陈豪著. --
北京 : 人民邮电出版社, 2022.7
（赢在人力资源系列图书）
ISBN 978-7-115-59452-5

Ⅰ. ①工… Ⅱ. ①陈… Ⅲ. ①企业管理一人力资源管理 Ⅳ. ①F272.92

中国版本图书馆CIP数据核字(2022)第102409号

内容提要

本书从人力资源劳动用工管理的视角出发，针对企业在工时与工资核算方面的常见问题，结合作者自身的从业经验，分析、梳理了其在担任人力资源管理顾问过程中遇到的实际问题，提供了操作性强的解决方案，力求帮助企业更好地进行用工风险控制及用工管理。

本书各章均以“对话”的形式引入主题，在讲解各项知识要点后，还专门设置了“实例分析”和“总结与思考”两个模块，以满足大多数读者的阅读习惯和实际需要。本书解答了薪资计算的三大要点、加班时间与加班工资管理、假期管理与工时工资的关联，以及离职管理中的工时与工资实务等一系列常见问题，给出了切实可行的解决方案。

本书具有一定的可读性和趣味性，可以作为人力资源从业者尤其是薪酬管理从业人员的工作必备手册。

◆ 著 陈 豪
责任编辑 刘 盈
责任印制 彭志环
◆人民邮电出版社出版发行 北京市丰台区成寿寺路 11 号
邮编 100164 电子邮件 315@ptpress.com.cn
网址 https://www.ptpress.com.cn
三河市祥达印刷包装有限公司印刷
◆开本：700×1000 1/16
印张：14.5 2022 年 7 月第 1 版
字数：150 千字 2022 年 7 月河北第 1 次印刷

定 价：69.00 元

读者服务热线：（010） 81055656 印装质量热线：（010） 81055316
反盗版热线：（010） 81055315

前　言

工时和工资这两个要素与员工关系密切，企业管理者和员工都十分重视，而且处理不当易引发大量的劳动争议与纠纷。例如，员工离职当月的工资金额与计算方式往往会受到员工的质疑，无论 HR 从业者是采用正算法还是反算法，员工都会觉得自己的工资被算少了；有些员工也会质疑 HR 从业者为什么不是用 21.75 天计薪日来计算当月工资；又如，如何计算非周末双休的企业的工时，等等。因此，本书既会对上述内容进行拆解、详析，也会通过实例、问答、思考等形式介绍 HR 从业者在实际操作中的处理技巧。

工时和工资这两个要素还与薪酬与员工关系模块密切相关。在薪酬模块中，HR 从业者往往更关注薪酬体系的设计、薪酬架构的设计和薪酬策略的设计。开展这些工作的前提都是薪酬管理工作具备一定的合法性。因此，HR 从业者必须要掌握与之相关的法律规定，这也是本书的重点内容之一。

工时和工资这两个要素还与笔者另外一本书——《企业灵活用工实操手册》中的部分知识相关。例如，各类用工形式所对应的收入种类，包括但不限于工资薪金所得、劳务报酬所得、经营所得，等等。这两本书结合起来，可以帮助 HR 从业者形成完美的知识闭环。

在多年的人力资源管理及培训咨询工作经历中，笔者发现，由于种种原因，许多HR从业者并没有做到对人力资源六大模块的知识融会贯通，或者在工作中给下一个环节的同事制造难题，或者自己变成了“背锅侠”。因此，本书不仅适合员工关系从业人员及企业法务人员阅读，也适合负责人力资源管理各个模块的HR专员学习和使用。

未来，工资、社保、公积金、个税、流水的“五统一”将让企业管理者意识到合规的重要性。如何合法、合理地降低企业的用工成本也成了HR从业者的必修课。本书及接下来将要出版的《从入职到离职企业用工文本全方位解析》一书将从人力资源劳动用工管理的角度出发，针对企业日常的用工问题，帮助HR从业者梳理在实际工作中遇到的相关问题，帮助企业更好地进行用工风险控制。

作为国内首位线上讲授“社保归税后企业用工成本管控”课程的讲师，笔者将相关的直播课、系列课及多地企业内训的内容与经验融入本书，分享给读者，帮助大家更有效地学习新技能、掌握新技能、应用新技能。

目 录

CHAPTER 1

第一章

工作时间在人力资源管理中的灵活运用

A 员工：小陈，咱们每个月的工作天数是不是不一样啊？

小陈：对啊，有的月份的工作日是 22 天，有的月份可能只有 20 天。

A 员工：咱们每天上班就会有工资，对吧？

小陈：对的。

A 员工：我有一点不明白，为什么法规上说算工资的时候要按每月 21.75 天算呢？

第一节　21.75、20.83 和 20.92 的前世今生

在工时与工资的相关计算中，经常会出现 21.75 和 20.83 这两个数字，有时还会看到 20.92。那么，这 3 个数字分别是怎么计算得来的呢？具体计算方法如图 1-1 所示。

图 1-1　21.75、20.83 和 20.92 的计算方法

20.83 这个数字来自于《关于职工全年月平均工作时间和工资折算问题的通知》（劳社部发〔2008〕3 号），由于当时是以国有企业、事业单位

作为主要参考对象，因此计算的是以 365 天为一个周期的时间段内，周末休息日有多少天，法定节假日有多少天。由此推算出一个年度内，劳动者在企业内的年度工作日、季度平均工作日及月度平均工作日。

（1）休息日的计算方法为：365（一年的天数）除以 7（一周的天数），得到 52 周，每周共有 2 个休息日，因此全年共有 104 个休息日。

（2）法定节假日：元旦假期 1 天（1 月 1 日），春节假期 3 天（农历除夕和正月初一、初二），清明假期 1 天（农历清明当日），劳动节假期 1 天（5 月 1 日），端午假期 1 天（农历端午当日），中秋假期 1 天（农历中秋当日），国庆假期 3 天（10 月 1 日、2 日、3 日），共 11 个法定节假日。

由此，我们算出年度工作日为 250 天，季度平均工作日为 62.5 天，月度平均工作日为 20.83 天。由于企业每个月都需要向劳动者支付劳动报酬，因此 HR 从业者在计算工作时间的时候，月度工作日数就以 20.83 天为准了。

21.75 的计算方法也可以追溯到这个文件中，从计算 20.83 天工作日的公式中我们发现，法定节假日是不作为工作日来计算的。但是，根据《中华人民共和国劳动法》（以下简称《劳动法》）第 51 条的规定，法定节假日是带薪的。于是在计算工资的过程中，法定节假日不予扣除，由此得到了月度平均计薪日为 21.75 天。

20.92 这个数字现在已经很少看到了。在《全国年节及纪念日放假办法》（国务院令第 513 号）出台之前，也就是 1999 年到 2007 年这段时间，我国的法定节假日只有 10 天。根据上述计算公式，在法定节假日只有 10 天的前提下，月度平均工作日则为 20.92 天。

第二节　20.83 和 21.75 的适用范围差异

在理解了 20.83 和 21.75 的前世今生后，无论是薪酬专员还是员工关系专员都要非常清楚这两个数字的适用范围差异，具体差异如图 1-2 所示。

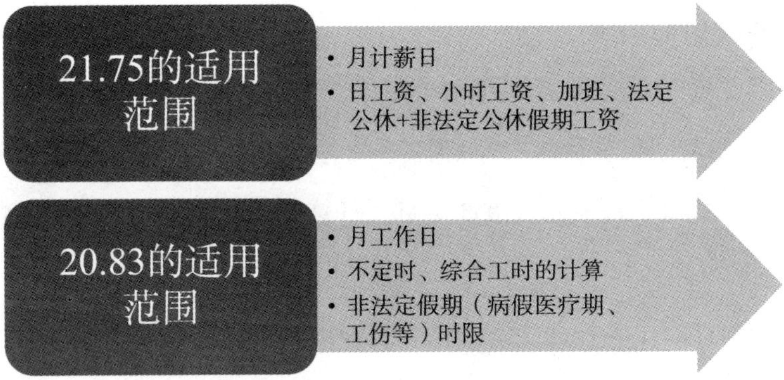

图 1-2　20.83 和 21.75 的适用范围

若用一句话概括这两者最大的适用差别，那就是算工时的时候用 20.83，算工资的时候用 21.75。在实务操作中，虽然 HR 从业者在计算劳动者工资的时候需要先计算劳动者的工作时间，但是工作时间的功能并不仅仅局限于核算工资。例如，我们在后面章节介绍综合工时制的工作时间计算方法时，就会用到 20.83 这个数字；又如在一些非法定假期的时限计算中，如果劳动者经常请病假，那么 HR 从业者该如何计算医疗期时长呢？在实际操作中会倾向于用 20.83 天作为一个月度来判断。如果劳动者累计请病假天数达到了 21 天，就视为达到了 1 个月的医疗期。

21.75 除了被认定为月计薪日以外，还有以下五个比较常见的用途。

1. 计算日工资

日工资是指劳动者工作一天所获得的工资。例如，小陈的月薪为 2 175 元，每周“做五休二”。那么，小陈的日工资为 2 175 ÷ 21.75=100 元。在日工资的计算过程中往往会用到 21.75 这个数字。

日工资一般用于计算员工出勤、缺勤或节假日等的天数，在工资计算工作中比较常见。

2. 计算小时工资

小时工资是指劳动者工作 1 小时所获得的工资。例如，小陈月薪为 2 175 元，每周“做五休二”，每天工作 8 小时。那么，小陈的小时工资为 2 175 ÷ 21.75 ÷ 48=12.5 元。由此可见，计算小时工资时也会涉及 21.75 这个数字。

在非全日制用工管理和劳动用工管理中，小时工资非常常见，除了作为最低工资标准的参考依据外，在计算加班加点工资的时候也可能会关联到小时工资。

3. 计算加班工资

加班工资是指劳动者在常规工作时间以外提供劳动所获得的工资。例如，小陈的月薪为 2 175 元，每周“做五休二”，每天工作 8 小时，其中有一个工作日小陈加班了 1 小时。那么，小陈的加班工资为 2 175 ÷ 21.75 ÷ 8 × 1.5（工作日加点按 150% 计算）=18.75 元。

加班工资在劳动用工管理中非常常见，主要表现为工作日加班、休息日加班和法定节假日加班这三种不同类型的加班形式，对应着不同的加班逻辑与规定，详情可参考第四章的相关内容。

4. 计算法定公休假期工资

法定公休假期工资是指劳动者在法定公休假期期间提供劳动所获得的工资。法定公休假期可以分为全体公民法定假期和部分公民节日。

全体公民法定假期是指所有劳动者都可以放假休息的假期，如前文提到的 11 天法定节假日。部分公民节日是指符合条件的部分劳动者可以放假休息的假期，如三八妇女节、五四青年节、教师节等。

前文曾提到，在法定节假日即使员工不上班、没有提供劳动，HR 从业者也需要按照计薪日核算工资，计薪的方式和“日工资”相同。例如，小陈的月薪为 2 175 元，每周“做五休二”，每天工作 8 小时。那么，小陈在元旦当天休假的情况下，依然可以获得 2 175 ÷ 21.75=100 元的工资收入。

部分公民节日的工资计算方式和全体公民法定假期相同。例如，小陈的月薪为 2 175 元，每周“做五休二”，每天工作 8 小时。那么，在三八妇女节当天休半天假的情况下，她依然可以获得 2 175 ÷ 21.75=100 元的工资收入。

5. 计算非法定公休假期工资

非法定公休假期是指法定公休假期以外的其他假期，如年休假、婚丧假、探亲假、病假、育儿假、“三期”女职工的相关假期等。此类假期的特点是需要符合特定的条件和情形才能发生，并非一定会发生。

如年休假，劳动者需要连续工作满 12 个月才能享受这个假期。虽然各地对连续工作满 12 个月的认定方式略有不同，但是年休假当天的工资计算标准也是参考“日工资”的标准，因此 21.75 天计薪日也可作为计算依据。

第三节　工作日、计薪日、自然日与自然月

我们先来看一个案例。

小刘是某公司的服务员，上班时间为 16：00 ~ 20：00。某天小刘向公司提出辞职，并结清了工资。当天 20 时 20 分许，小刘在骑电动自行车回家途中发生了交通事故。小刘被认定承担次要责任。

请问：小刘在离职当天的下班路上发生交通事故，可以被认定为工伤吗?

解析：小刘在下班回家途中发生了非本人主要责任的交通事故并受伤，符合工伤认定的法定情形。虽然其已提出辞职申请，但不能否认其在当天下班回家途中发生交通事故的事实。故可以认定为工伤。

根据《工伤保险条例》第十四条规定，职工有下列情形之一的，应当认定为工伤：在上下班途中，受到非本人主要责任的交通事故或者城市轨道交通、客运轮渡、火车事故伤害的。《工伤保险条例》中的“上下班”，既应当包括“首日上班”，也应当包括“离职当日的下班”，双方的劳动关系依法应当于离职当日的 24 点结束

案号：（2019）苏 03 行终 30 号

在上述案例中，从情理上分析，劳动者已经与企业解除劳动关系，并且到了下班时间，劳动者下班后理应与企业不再有关联；但从法理上讲，本案中劳动者与企业的劳动关系存续时间被认定到离职当日的24点结束。依据本案的解读和理解，也可以认为劳动者在入职当日上班途中如果发生非本人主要责任的交通事故，也应被认定为工伤。

在实际操作过程中，工作日、计薪日、自然日、自然月在实务和理论中的认定不仅完全不同，有时甚至会超出我们的认知。

1. 工作日

通过上述案例我们发现，在处理劳动用工问题的时候，实务操作上理解的工作日和法律定义上理解的工作日略有不同。实务操作上一般默认工作日为与上下班相关的工作时间；而法律定义上则会理解为0：00 ~ 24：00。于是就会出现一个常见的问题：员工离职当天到底按照哪个时间来计算？

例如，劳动者的上下班时间为朝九晚六，而劳动者在下午6点甚至6点之前就已经履行完毕自己在公司的所有义务，名义上已经成为自由身了。但是许多类似的案例都反映了一个问题：如果离职时间只是明确到日而不具体到时，即便名义上劳动者已经是自由身了，却还要履行双方各自的权利与义务，因为工作日定义的就是全天，而不是部分时间。

2. 计薪日

计薪日一般由工作日和法定带薪的节假日两个部分组成。节日和假日并不相同，并非所有节假日都带薪。本节所指的带薪节假日是指按照正常出勤支付薪资的节假日。

许多企业在用工的时候都会遇到类似的问题：10月8日（或1月4日）

上班当月计薪日为几天？按照许多企业的作息模式，每年在 10 月 1 日到 10 月 7 日，劳动者都是休息的，而根据上文我们可以得知，这 7 天中只有 3 天属于国庆节日，其余 4 天是由 1 个双休日和 2 个调休构成的。如果劳动者是当月后入职的，HR 从业者不想用 21.75 天来计算，只想算一下他 10 月的实际计薪日，该如何计算呢？

我们以 2022 年 10 月 8 日入职为例，2022 年 10 月 1 日到 7 日放假调休，10 月 8 日（星期六）和 10 月 9 日（星期日）上班。那么劳动者在 10 月 8 日入职的情况下，当月的实际工作日为 18 天，实际计薪日也为 18 天。因为 10 月 8 日到 10 月 31 日没有其他的法定带薪的节假日。

3. 自然日

曾经有个 HR 学员咨询了我一个问题：公司的工作制度是三班倒，在倒班的过程中有一个班是跨天的，如从当日 22 点工作到次日凌晨 4 点。年休假的享受条件并不区分是否有倒班情况。于是该学员提出，在给跨天倒班的劳动者安排年休假的时候，到底是按日休还是按小时休呢？他认为，按照最正常的情况，符合条件的员工每年最低可享受 5 天年休假，如果按标准工时制来计算，就是 40 个小时。那么，是否给倒班劳动者安排满 40 个小时的休假就可以了呢？

显然这样的理解方式并不符合年休假的本意。年休假是指劳动者可以在原本工作的时段带薪休息。按照这样的逻辑，5 天的年休假未必就能与 40 个小时画等号，当劳动者处于不定时工时制或综合工时制的情况下时，5 天的年休假很可能是超过 40 个小时的。所以 5 天的年休假从实务上优先应该按日来计算；无法按日来计算的，可以按照实际工作频次来计算。

对于这家公司而言，如果在当日 22 点到次日凌晨 4 点安排劳动者年休假，由于是跨天了，按日计算年休假不方便，就按照工作频次计算，也就是劳动者一年内有 5 次可以在当日 22 点到次日凌晨 4 点这个时间段进行年休假，由于劳动者其他时间本身也处于休息的阶段，因此连接起来看便形成了自然日的整体休息，也能够符合年休假想要表达的本意。

4. 自然月

在用工管理中会涉及 30 天的概念，如劳动者辞职需要提前 30 天向企业提出申请。那么，这个 30 天和一个自然月是否一样呢?

答案显然是不一样的。在实务操作中我们认为一个自然月应该是 30 天或者是一个完整月。但是在签订劳动合同的过程中，判定签订 1 个月的劳动合同的标准却是 X 月 Y 日 ~（X+1）月（Y–1）日。例如，今天是 2 月 20 日，那么签订 1 个月劳动合同的起止日期就变成了 2 月 20 日 ~ 3 月 19 日；如果今天是 7 月 6 日，那么签订 1 个月劳动合同的起止日期就变成了 7 月 6 日 ~ 8 月 5 日。

因此在劳动合同中，1 个月是有其特定的计算公式的，与天数没有直接的关联。如果把起止时间变成 7 月 6 日 ~ 8 月 6 日，就变成了 1 个月多 1 天的劳动合同。在除劳动合同以外的用工管理中，如果双方没有对 1 个月的时间节点（如 30 天）明确说明，就默认按照劳动合同中自然月的方式来计算。

➲ 实例分析："做一休一"的企业该如何计算工时

前文提到，在使用 21.75 天计薪日的过程中普遍容易出现争议和纠纷，因为在实操过程中，劳动者一般情况下都是以日为单位出勤，至少不会经常出现 0.75 天的出勤。从 21.75 的计算公式来看，21.75 是劳动者 1 年内在同一家用人单位出勤的平均计算结果。

随着大量“90 后”“00 后”的涌入以及时代的快速发展，劳动者在 1 年内换 *N* 份工作也是屡见不鲜的。从这个角度看，每月 21.75 天的计薪日显然并不合理。

于是，许多企业根据每月的实际工作天数进行计薪。此时又有劳动者提出质疑：法律规定按 21.75 天计薪，企业却根据实际天数计薪，这样做是不是不合法啊？

如果企业是正常的“做五休二”且周末双休，工时与工资按照实际工作日来计算或者按照 21.75 天来计算都可以，前提是一家公司内不要双标，应对所有劳动者一视同仁，计算公式和方法相同便不违法。

如果企业实行的是并非周末双休，或者是“做一休一”，甚至是“做四休三”等非常规的工作时间，那么在工时的计算上，是否会和常规企业产生差异呢？答案是显而易见的。

我们以“做一休一”的排班为例。在 12 月份的时候（因为 12 月份没有任何法定节假日且方便计算），劳动者实际工作时间仅为 15 天。如果以 21.75 天作为计薪日标准，同时以 20.83 天作为工作日标准的话，实际操作中就会出现许多问题。例如，如果员工当月 15 天都没上班，却还有 6.75 天的工资；如果员工在工作日请了 15 天病假，却因为没有达到 21 天，就可能无法认定医疗期满了 1 个月等。从便捷性的角度出发，“做一休一”的企业往往采用月度实际工作日和计薪日的计算方法来替代法定的月度平均工作日和计薪日。

这样做从合法性和合理性上都能解释得通。因为采取 21.75 天和 20.83 天计薪日的前提都是“做五休二”，本身并不适用于“做一休一”的企业。面对员工对于为什么不用 21.75 天计薪日的质疑时，HR 从业者完全可以合法合理地做出解释并说服劳动者。

➲ 总结与思考：劳动合同的起止时间计算是否会有所变化

上文中提过，在签订劳动合同的过程中，自然日和自然月对起止时间的计算是有一定的计算规律的。然而随着 2021 年《中华人民共和国民法典》(以下简称《民法典》)的全面执行，其中有些条款引起了很多人的关注，并认为可能会对现有的劳动合同的起止时间计算产生一定的影响。由于《民法典》是一部较为重要且出台时间不长的法典，因此我们需要拆出相关条款进行解析和探索。

《民法典》第二百条　民法所称的期间按照公历年、月、日、小时计算。

第二百零一条　按照年、月、日计算期间的，**开始的当日不计入，自下一日开始计算。**

按照小时计算期间的，自法律规定或者当事人约定的时间开始计算。

第二百零二条　按照年、月计算期间的，到期月的对应日为期间的最后一日；没有对应日的，月末日为期间的最后一日。

第二百零三条　期间的最后一日是法定休假日的，**以法定休假日结束**

的次日为期间的最后一日。

期间的最后一日的截止时间为二十四时；有业务时间的，停止业务活动的时间为截止时间。

第二百零四条　期间的计算方法依照本法的规定，但是法律另有规定或者当事人另有约定的除外。

我们把上述规定简化一下，劳动合同签订时间和期限如图 1-3 所示。

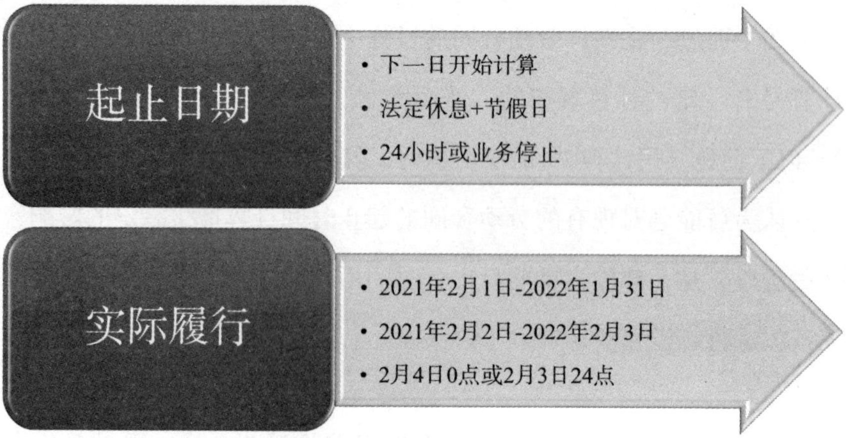

图 1-3　劳动合同签订时间和期限

图 1-3 中有三个非常重要且不同的核心要点。

（1）合同的起始时间

开始的当日不计入，自下一日开始计算。换句话说，从第二天开始才有效。我们都知道，以往员工第一天入职时，哪怕没有在当天与企业签订劳动合同，只要产生事实劳动关系了，第一天都是有效的。如果第一天不计入入职时间，就意味着企业在为员工发工资的时候会少算一天，这样的结果不太符合我国法律保护劳动者的基本宗旨。

（2）合同的终止时间

以法定休假日结束的次日为合同期限的最后一日。按照这个逻辑，如果劳动者的合同终止时间是在春节假期、国庆假期内，企业若不想延长合同期限、多支付假期带薪工资，就要提前设定合同终止时间。

这样做又会带来新的问题。例如，原本1年的劳动合同可以约定2个月的试用期，但是因为合同终止日期需要提前，缩短为小于1年的劳动合同，就只能设定1个月的试用期，否则就涉嫌违法了。再如，1年期满的劳动合同到期终止，劳动者有可能获得相当于1.5个月月薪的经济补偿金，如果劳动合同的时限小于1年劳动者就只能获得相当于1个月月薪的经济补偿金了。

（3）最后一日的截止时间

企业有非常明确的上下班时间，而停止业务活动的时间约等于下班时间，如果员工加班了，停止业务活动的时间就是加班后的下班时间。因此，当停止业务活动的时间是在24点之前时，合同就在该时间生效；如果因为加班导致员工停业业务活动的时间超过24点了，就要看双方在《劳动合同》中有没有相关约定。如果没有就应该以24点为合同到期终止时间。

综上所述，图1-3中以春节假期为例列明了要点。假如一位劳动者的劳动合同期限是2021年2月1日到2022年1月31日，按照惯例，这就是一份从2021年2月1日正式开始履行的、为期1年的劳动合同。即使劳动者在2021年2月1日就离职了，企业也需要支付2月1日的工资，甚至必须为劳动者缴纳2月的社保与公积金。

但是，按照《民法典》中的相关规定，这份从2021年2月1日开始到 2022 年 1 月 31 日结束的劳动合同，最终会演变成一份从 2 月 2 日才正式开始计算、为期超过 1 年的劳动合同，它的实际起止时间就变成了 2021 年 2 月 2 日到 2022 年 2 月 3 日。由此将产生以下不同于提前缩短合同终止时间的新问题。

（1）劳动者入职当天的出勤及工资计算问题。如果不算，劳动者有可能不来公司提交入职材料、参加入职培训。

（2）劳动者合同到期时间顺延到次月的工资支付问题。如果支付，就不算合情合理。

（3）劳动者合同到期当月的社保及公积金缴纳问题。本来是 1 月终止劳动合同，企业将员工的社保及公积金缴纳到 1 月即可，现在因为法定假期被延续到 2 月了，企业缴纳还是不缴纳呢？如果不缴纳，员工通过法律途径申请补缴该怎么办？

（4）劳动者合同到期当日的截止时间问题。对于“做五休二”的企业，2 月 3 日还处于春节放假期间，所以并不存在上下班时间的问题。那么，在双方没有其他约定的情况下这个截止时间是否就自动变成了到 2 月 4 日的 0 点？

上述有些问题还比较好回答，如工资支付的问题可以参考《工资支付暂行规定》；社保缴纳的问题可以参考《中华人民共和国社会保险法》，但其他问题就比较棘手了。如果上述条款最终会影响到现有的劳动合同的起止时间，那么在很多实务问题的处理上 HR 从业者都会面临较大的挑战。笔者认为还是静观其变，毕竟一般的合同和劳动合同并不相同；同时在《民法典》中也有明确“当事人另有约定的除外”，如果把劳动合同中的起止时间视为双方约定的起止时间，就不存在上述次日或延期的逻辑了。

不过依然有专家学者对此问题抱有不同的看法和见解，主要理由大致如下。

（1）条款中用到了“期间”。如诉讼法里的期间，也有提到“期间开始的时和日，不计算在期间内”，也就是当天是不算的，这是从法条的严谨性来看。

（2）最新的《最高人民法院关于审理劳动争议案件适用法律若干问题的解释》中已经明确其修订依据为《民法典》，是否也就意味着《民法典》中有些规定会引入到劳动法律中。毕竟以往的劳动法律对期限是没有明确规定的。

因此，HR 从业者需要提升对这个问题的重视和关注程度。一个看似很小的细节问题就能引出许多实务流程的变化，一旦处理不到位将会带来一系列的争议与纠纷。

CHAPTER 2

第二章

工时制度中的“3+2”

领导：小陈，公司需要招聘一个司机，工作时间不固定，不用打卡。

小陈：领导，我得申请一下不定时工时或综合工时，否则不太好处理。

领导：直接签标准工时的劳动合同不行吗？

小陈：也不是不行，只不过按照你每天都要出门的情况，即便司机开车的时间不长，公司也需要支付加班费啊！

第一节　标准工时制的理解与运用

目前我国的工时制度对标的是工作岗位，是根据工作岗位的性质和考勤情况来设计工时制度的。工时制度包含标准工时制、不定时工时制与综合工时制三种。在实务操作过程中，针对特殊人群和工种，还存在不同于这三种法定工时制的特殊工时制——缩短工时制和计件工时制。

我们从“五种工时制度的特点”和“五种工时制度对应的岗位”两方面来进行解析，如图 2-1 和表 2-1 所示。

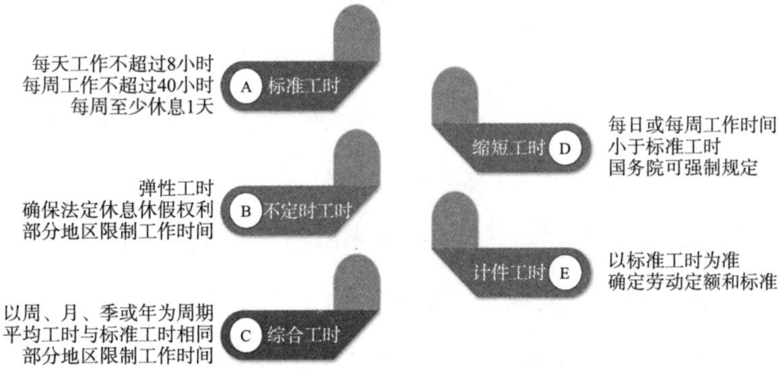

图 2-1　五种工时制度的特点

标准工时制具有以下三个特点。

1. 每天工作不超过 8 小时，是指员工每天的工作时间不超过 8 个小时。例如，许多企业的工作时间是朝 9 晚 6，虽然从 9 点到 18 点是 9 个小时，但是企业一般会为员工安排 1 个小时的午休吃饭时间。去掉这 1 个小时后，员工每天的工作时间就只有 8 个小时。

那么，“朝九晚五”“朝九晚七”的作息时间是否符合标准呢？“朝九晚五”从时间上来说不超过 8 个小时；但“朝九晚七”的作息时间就需要根据具体的工作时长判断了，如果员工的午休时间只有 1 小时则工作时间超过了 8 小时，如果午休是 2 小时则工作时间没有超过 8 小时。那么，如果员工的工作时间超过 8 小时了会怎样呢？这就涉及第四章介绍的加班费问题了。

2. 每周工作不超过 40 小时。每周工作不超过 40 小时会存在不同的类型。例如，某员工今天工作了 10 个小时，每周只工作 4 天，这是符合规定的，但是因为他每天工作超过了 8 小时，违反了第一条的规定，就会涉及加班费的问题；如果该员工每天工作超过了 8 个小时，每周工作 6 天，也会涉及加班费的问题。

3. 每周至少休息 1 天。这一点很容易被 HR 从业者忽略，因为许多人习惯了“做五休二”或周末双休。因此，很多 HR 从业者会质疑“做六休一”和非周末双休是否违反了《劳动法》？

从本质上说，“做六休一”和非周末双休，甚至是非周末单休都符合每周至少休息 1 天的相关规定。如果因为工作需要，员工连续工作 7 天，企业依然会涉及加班费的问题。

表 2-1　五种工时制度对应的岗位

工时制度	对应岗位
标准工时	大多数能按法定时间工作的岗位
不定时工时	企业高级管理岗位 + 部分外勤岗位（如司机）+ 维修抢修值班岗位

（续表）

工时制度	对应岗位
综合工时	需要连续作业、受季节等自然条件影响或有淡旺季的岗位，如交通铁路、建筑旅游、服务行业等
缩短工时	在特殊情况下劳动岗位或者有特殊情况的劳动者，如高温有毒有害等高危岗位、夜班岗位、哺乳期员工等
计件工时	工业、制造业中的一线流水岗位或其他能以批量作业计算的岗位

如果劳动者的工作时间相对比较有规律，企业就适合采用标准工时制，如 HR 岗位、行政岗位、财务岗位等。

设置标准工时制除了要考虑工作岗位和工作内容的特点外，企业管理者还需要考虑用工成本的问题，这里主要是指加班费。如果一个工作岗位在标准工时制下产生了大量的加班费，那么管理者就需要考虑匹配另一种工时制度了。

第二节　不定时工时制的理解与运用

不定时工时制也被称为不定时工作制。不定时工时制具有以下三个特点。

1. 弹性工时

不定时就是指不确定的工作时间，也就是劳动者每天的工作时间并不固定，或者难以固定。

2. 确保法定休息休假权利

在相关规定中有明确“在保障职工身体健康并充分听取职工意见的基础上，采用集中工作、集中休息、轮休调休、弹性工作时间等适当方式，确保职工的休息休假权利和生产、工作任务的完成。”这个规定不仅印证了不定时工时制的第一个特点，而且引出了不定时工时制的第二个特点——即便劳动者的工作时间不固定，企业也要保证劳动者基本的休息休假权利。

不定时工时制的休息休假和标准工时制的休息休假在理解上是有差异的，具体如表 2-2 所示。

表 2-2　不定时工时制的休息休假和标准工时制的休息休假的不同

	标准工时制	不定时工时制
休息	工作日休息、公休日休息	工作日休息
休假	法定节日、法定假日	法定假日

（1）休息

在标准工时制下，劳动者的休息可以分为工作日的休息（即每天和每周工作时间的限制）及公休日的休息（即每周至少休息 1 天）。

不定时工时的特点决定了在该工时制下劳动者一般只涉及工作日的休息，即每天的工作时间可能会有上限。

（2）休假

标准工时制的休假分为法定节日的休假（即元旦、春节、国庆节等）和法定假日的休假（即年休假、病假、婚假、三期假等）。不定时工时制中提到的确保休假权利一般来说是指法定假日的休假，即年休假、病假、婚假、三期假等。

为什么在休息和休假的问题上，不定时工时制与标准工时制的区别那么大呢？企业在执行标准工时制时，一旦员工在休息休假时间需要工作，企业不仅需要向其支付加班费或安排调休，还会有加班的上限限制；而不定时工时制不仅不存在固定的公休日，在法定节日需要工作的时候，绝大部分地区的企业也不需要额外支付加班费。

3. 部分地区限制工作时间

即使企业在采用不定时工时制时员工的工作时间并不固定，也不意味着企业可以安排员工无限制地工作，有些地区对此是有明确规定的。如《南京市企业实行特殊工时工作制审批管理办法》（宁人社规〔2011〕8 号）

规定，即使企业实行特殊工时工作制，第三级以上（含第三级）体力劳动强度的工作岗位的员工每日连续工作时间也不得超过 11 小时，且每周至少休息一天。

因此，采用了不定时工时制的企业，除了按照相关规定进行申请审批外，也要关注一下当地对不定时工时制是否有其他特殊的规定，因为这些规定会影响公司的用工管理方式与策略。

相对应地，结合表 2-1 我们会发现，不定时工时制并不适合所有岗位，也不意味着企业和劳动者签订劳动合同就可以了。根据《关于企业实行不定时工作制和综合计算工时工作制的审批办法》的规定，不定时工时制是需要经过当地劳动行政部门审批才可以执行的。

考虑到不定时工时制的特殊性，且需要经过审批，相关规定中明确如下类型的职工可以实行不定时工时制：

（一）企业中的高级管理人员、外勤人员、推销人员、部分值班人员和其他因工作无法按标准工作时间衡量的职工；

（二）企业中的长途运输人员、出租汽车司机和铁路、港口、仓库的部分装卸人员以及因工作性质特殊，需机动作业的职工；

（三）其他因生产特点、工作特殊需要或职责范围的关系，适合实行不定时工作制的职工。

在实务操作中，HR 从业者该如何判断工作或岗位是否符合不定时工时制呢？除了要参考上述三条内容外，该劳动者的日常工作时间、考勤标准也会被纳入考量范围。如果劳动者符合上述标准，但依然执行“做五休二”“朝九晚六”的工作模式，企业申请不定时工时制就会很难。

第三节　综合工时制的理解与运用

综合工时制，又称综合计算工时工作制，与不定时工时制都属于特殊工时制，但是两者在特点、适用岗位及加班问题的处理上并不相同。结合图 2-1，综合工时制具有以下三个特点。

1. 以周、月、季或年为周期

综合工时制最大的特点是工作本身或生产经营特点有明显的波峰波谷、淡季旺季的差异。因此，执行综合工时制的员工的工作时间可能会相对不固定，但是在一个时间周期内的总体工作时间是基本确定的。这个时间周期可以是一周、一个月、一个季度甚至是一整年。目前常见的是以一个月或一个季度为主。

2. 平均工时与标准工时相同

企业实施综合工时制时，无论采用哪个时间周期，在单位时间周期内的平均工时需要参考标准工时制中的相关时间，如果劳动者在一周内的整体工作时间和标准工时是一致的，那么企业在申请综合工时制的时候，在时间周期方面选择按周是相对比较合适的。具体如表 2-3 所示。

表 2-3　在单位时间周期内综合工时与标准工时一致

日期	周一	周二	周三	周四	周五	周六	周日	共计
工作时间（综合工时）	4	5	6	10	3	3	9	40
工作时间（标准工时）	8	8	8	8	8			40

如果劳动者在一周内的整体工作时间已超过标准工时，如表 2-4 所示。此时，企业在申请综合工时制时就会有以下两种选择：

表 2-4　劳动者一周的整体工作时间已超过标准工时

日期	周一	周二	周三	周四	周五	周六	周日	共计
工作时间（综合工时）	6	8	7	10	9	4	6	50
工作时间（标准工时）	8	8	8	8	8			40

（1）依然采用以周为单位的时间周期，就意味着企业需要支付额外的加班费；

（2）采用以月或季度为单位的时间周期，此时企业需要评估一下，如果采用以月或季度为单位的时间周期却依然远超标准工时，或者在无法申请到以月或季度为单位的时间周期的情况下，企业可能需要采取其他的工时制度或用工方式。

3. 部分地区限制工作时间

和不定时工时制一样，部分地区也存在对员工最长工作时间的限制。因此，对于采用了综合工时制的企业，除了按照相关规定进行申请审批外，也需要关注一下当地对综合工时制是否有其他特殊的规定。

一般来说，综合工时制适合以下类型的职工：

（一）交通、铁路、邮电、水运、航空、渔业等行业中因工作性质特殊需连续作业的职工；

（二）地质及资源勘探、建筑、制盐、制糖、旅游等受季节和自然条件限制的行业的部分职工；

（三）其他适合实行综合工时制的职工。

不定时工时制和综合工时制作为企业比较常见的两种特殊工时制，目前在审核条件及审核流程上相对比较严格。企业与劳动者签订劳动合同确定工作时间时，一定要先和劳动者确定执行哪种工时，再去申请审批。虽然标准工时制无需经过劳动行政部门审批，但是企业做出任何工时制的变化、切换与调整都应当与劳动者协商一致后才能进行。

第四节　缩短工时制的理解与运用

缩短工时制是指每日或每周工作时间小于标准工时或者小于一般常规劳动者工作时间的工时制度，它不是法定的工时制度，只是在实务操作中存在。

缩短工时制与工种、岗位及劳动者的自身情况有直接关联，也就是在特殊情况下劳动或者有特殊情况的劳动者能够执行缩短工时制，在《国务院关于职工工作时间的规定》及其实施办法中有相关说明。

1. 特殊情况下的劳动

第一类为在高温高压、低温低压、有毒有害的工作环境下劳动。

第二类为煤矿开采、地质勘查、装卸搬运等较强体力劳动。

第三类为长期夜班工作。

2. 有特殊情况的劳动者

此处所说的特殊情况并不是指劳动者所在的工作环境有多特别，而是劳动者自身的情况特殊，如处于哺乳期、孕期等的劳动者。

缩短工时制中的工作时间具体可以缩短多久原则上由企业根据实际情况决定。缩短工时制对有特殊情况的劳动者的具体工作时间有比较明确的规定，如哺乳期女员工每天有累计 1 个小时的授乳时间，这个授乳时间的工资也是需要正常发放的。同样，缩短工时制对女员工在怀孕 7 个月后的工间休息也有类似的规定。

第五节　计件工时制的理解与运用

计件工时制并不是法定的工时制度，其来自于人力资源管理薪酬模块中的薪酬计算模式——计件工资制。在《劳动法》刚出台的时候，我国还是以第二产业为主导，因此当时较为流行计件工资制。有了计件工资，自然就会出现计件工时。作为非法定的工时制度之一，计件工时制的底层逻辑和运作原理有哪些呢?

计件工时与标准工时制密切相关。《中华人民共和国劳动合同法》（以下简称《劳动合同法》）明确规定：对实行计件工作的劳动者，企业应该按照标准工时制合理确定劳动定额和计件报酬标准。

计件工时有两个重要的要素——劳动定额和计件报酬标准。劳动定额还分为时间定额和产量定额两类。时间定额就是劳动者单位时间（如 1 小时）可以生产多少产品。产量定额就是 1 个产品需要花费多长时间才能生产出来。

无论企业采用哪种劳动定额方式，都要符合标准工时制的相关规定，也就是劳动者每天工作不能超过 8 小时，每周不能超过 40 小时，每周至少休息 1 天。因此，劳动定额的选择和设置在很大程度上受标准工时制的影响。对于没有申请不定时工时制和综合工时制的企业，即便内部规定实行计件工时制，最终参考的法定标准依然还是标准工时制。

计件报酬标准是指产品的单件报酬，例如，某家企业产品的单件报酬为 10 元，员工 1 小时能制作出 1 个产品，那么，员工正常工作 1 个月的报酬是低于当地最低工资标准的，这对企业来说肯定是有风险的。

那么，企业怎样规避这种风险呢？企业是否能够依靠增加员工的工作时间来提高劳动报酬呢？这样做肯定不行，因为最低工资里不包含加班费，而员工通过延长工作时间获得的报酬就是加班费。显然，针对这个问题企业只有两种解决方式：第一，提高产品的单件报酬，如将单件报酬提高为 20 元；第二，提高劳动效率，使员工在 1 个小时内可以生产出 2 个产品。

基于上述特点，计件工时制并没有明确的法律规定对应的工种和岗位，结合计件工时制的特点与特性，计件工时制更多的适用于工业、制造业中的一线流水员工或其他能以批量作业计算的员工。在签订劳动合同的过程中，工作时间通常是以标准工时制为主。

对企业而言，计件工时制和缩短工时制虽然不出现在劳动合同中，但是往往会出现在企业的实际用工管理中。因此，企业在实际工作中要做好区分，并分别进行有针对性的管理。

➲ 实例分析：居家办公与移动办公对考勤的影响

自从新冠肺炎疫情出现，很多企业开始实行居家办公的工作形式。在此主要探讨劳动关系下考勤与工作时间的变化。

2022 年 2 月 14 日，在线旅游平台携程集团宣布将在全公司推行混合办公制度。携程于 3 月 1 日开始，每周三、周五，公司各事业部、职能部门可根据实际管理需求实行或逐步推行 1 ~ 2 天的混合办公，即每周有 1 ~ 2 天，符合条件的员工可自行选择办公地点。携程方面透露，这次全面推广“3+2”的工作制，将覆盖该集团全体员工，实行该制度时不分男女、不分值岗、不做薪资调整。

传统的办公室考勤目前主要分为定点考勤和移动考勤两类。

（1）定点考勤

所谓定点考勤，也就是考勤的地点是在办公室或指定场所，考勤的方法是以签字、刷脸、指纹打卡为主。总而言之，打卡位置是相对固定的，劳动者每天需要在指定位置打卡。

这类打卡方式在《民法典》和《中华人民共和国个人信息保护法》出台后面临着一个严峻的问题：指纹和脸部都属于个人的敏感信息，根据相关规定个人敏感信息的使用必须经过个人的单独同意。

在劳动用工管理中，单独同意可以理解为双方协商一致的约定。这就意味着指纹识别和脸部识别的打卡方式需要经过双方协商一致，如在劳动合同中进行约定。实际上，大多数企业的指纹识别和脸部识别的打卡方式都是通过员工手册进行强制规定的，有些企业甚至没有内部规定。在这种情况下，如果劳动者不愿意采用这种打卡方式，企业就会变得非常被动。

（2）移动考勤

移动考勤的地点基本上是以范围划定的，以办公地点为起点辐射到周围的一定距离，劳动者只要到了指定的范围内就可以打卡。移动考勤多使用某款 App 内的打卡功能，最常见的便是钉钉。

企业采取这种打卡方式会出现许多情况，例如，上班时间到了，员工没有出现在岗位上，却先打上卡了，原来他还在楼下等电梯；员工下班了突然忘记打卡了，人刚好还在辐射范围内，就可以瞬间打卡下班。这类App内考勤打卡的功能在一定程度上方便了劳动者，更显得人性化，同时也规避了个人敏感信息的问题。然而，风险依然存在。

第一，绝大多数企业不会为了考勤而单独指定对应的App或软件，因此使用第三方的App或软件、小程序等就成了首选。同样，《中华人民共和国个人信息保护法》和《民法典》对于个人数据的保护问题也很重视。

第二，很多企业出现过员工打了卡、人却不见了的情况。这类情况到底属于正常出勤还是旷工呢？可能还需要利用其他证明来佐证，但是只要有了打卡考勤的记录，劳动者就可以声称自己出勤了。

还有一类比较常见的考勤打卡方式，便是结合了定点考勤和移动考勤特征的外勤打卡，它是指员工使用App里定位至某个特定的地点然后拍照来进行打卡。

在居家办公与移动办公的时候，企业采用定点考勤的方式几乎是无法实现的，因为员工的家或办公地点并不一样。同样的道理，从操作便捷性和成本的角度考虑，移动考勤的方式性价比也不高。

于是，许多公司为了节省考勤成本，提高操作的便捷性，采用了一些更加人性化的考勤方式，如直接工作群里报到接龙或者在App中进行定位打卡。

那么，在居家办公或移动办公的过程中哪种考勤打卡方式更加合适呢？在回答这个问题之前，我们要想清楚企业进行考勤的目的是什么？

企业设置考勤既可以计算员工的出勤工资，也可以监督员工的工作产出。居家办公与集中办公相比，更难的是计算工作产出，而不是出勤工资，应把考核出勤调整为考核产出，以此确保劳动者即使居家办公，也能够和在办公室里一样创造工作成果与产出。这也是我在《企业灵活用工实操手册》一书中提到的“弱化考勤，强化考评”。

➲ 总结与思考：完善特殊工时，应对企业和员工未来的变化

现行的工时制已经伴随我们走过了相当长的时间，随着新技术、新业态、新产业、新模式逐渐成为我们日常生活和工作的主流，工时制也开始在一定程度上尝试完善甚至是重塑。

在深圳市发布的相关规定中，我们选取了四段比较重要的内容和大家进行探讨。

《深圳建设中国特色社会主义先行示范区综合改革试点实施方案（2020—2025年）》

（五）完善适应超大城市特点的劳动力流动制度。深化户籍制度改革，调整完善积分落户政策。完善居住证制度，鼓励根据实际扩大公共服务范围、提高服务标准，稳步推进基本公共服务常住人口全覆盖。**允许探索适应新技术、新业态、新产业、新模式发展需要的特殊工时管理制度。**

《关于支持和保障深圳建设中国特色社会主义先行示范区的意见》

5. 保障和谐劳动关系建设。适应**新技术、新业态、新产业、新模式**发展需要，加快完善**特殊工时管理制度下劳动关系构成要件、加班认定依**

据、薪酬计算标准等司法政策和审判规则。加强跨境用工司法保护，准确认定没有办理就业证件的港澳台居民与内地用人单位签订的劳动合同效力。推动完善劳动争议解决体系。加强促进劳动力和人才社会性流动、企事业单位人才流动、人才跨所有制流动等法律问题研究。

《深圳经济特区优化营商环境条例》

第七十一条：**用人单位因生产经营特点不能实行法定标准工时制度且符合特殊工时制度适用范围，经协商实行不定时或者综合计算工时工作制度的，可以实行告知承诺制。**

广东省司法厅关于省政协十二届三次会议第 20 200848 号提案答复的函粤司函〔2020〕535 号

同时，指导深圳市用足用好特区立法权，**指导其向全国人大常委会请示对《中华人民共和国劳动法》《中华人民共和国劳动合同法》作变通规定或调整适用事宜。指导深圳市立足于构建更契合深圳实际、更具操作性和前瞻性、全国最优的劳动关系法律制度，做好《深圳经济特区和谐劳动关系促进条例》修订工作。**

其中有一些比较重要的信息，具体内容如下。

（1）新技术、新业态、新产业、新模式

新技术、新业态、新产业、新模式所表达的方面有很多。我们从用工关系管理和工时的角度举例说明，如图 2-2 所示。

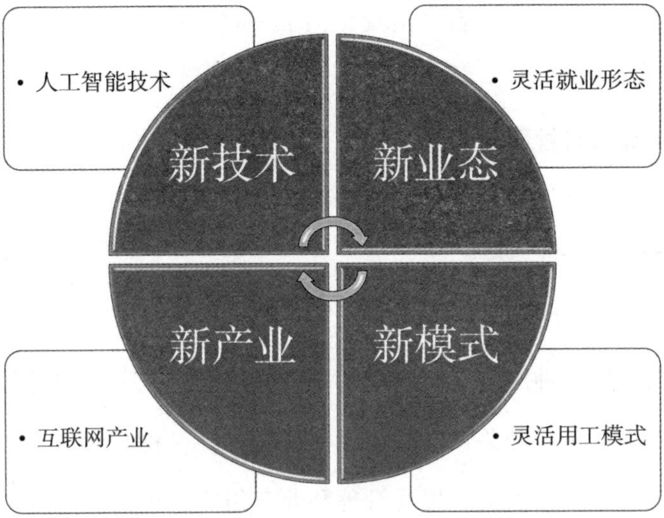

图 2-2　新技术、新业态、新产业、新模式

新技术：以人工智能技术也就是 AI 为例。工厂、餐厅、银行等各个行业都在布局和使用人工智能代替传统的企业用工方式。只不过，人工智能目前还不适用于我们的劳动法律。

新业态：以灵活就业形态即平台就业为例。对于快递小哥、外卖小哥、网约车司机等灵活就业的队伍，国家和地方在不断地推出促进和保障灵活就业的相关政策。尽管如此，灵活就业群体也存在一些急需解决的问题，最常见的就是用工关系的界定和就业保障。

新产业：如互联网产业，这个产业由于其自身的特殊性也遭受过一定的社会舆论的抨击和质疑，如“996”“007”的长时间加班与高强度工作。

新模式：依旧以灵活用工模式为例。如果说灵活就业是从 C 端的角度出发的，那么灵活用工就是典型的从 B 端的角度出发的。灵活用工和灵活就业都会存在用工关系标准界定与就业保障的问题。同时，灵活的工作时间作为其常见的特征，是否会出现有别于工时制的新概念，也是值得我们重点关注的。

（2）特殊工时管理制度

特殊工时管理制度主要包括三个要素：劳动关系构成要件、加班认定依据、薪酬计算标准。

① 劳动关系构成要件

我国现行的三种法定工时制度都是以标准全日制劳动关系作为前置条件的。标准全日制劳动关系的构成要件分两种，一种是参考事实劳动关系认定的标准，由主体适格、接受管理和业务组成，这部分内容会在我的另一本书《从入职到离职企业用工文本全方位解析》中作具体阐述；另一种是由组织从属性、经济从属性和人身从属性等方面构成的。

② 加班认定依据

目前不同的工时制度对应的加班认定依据及加班费计算等都相对固定成熟，本书第四章中也会作具体说明。加班规定会根据工时制度的不同而发生变化，因此，如果企业要将特殊工时管理制度变成一种常态，就要完善加班认定依据。

③ 薪酬计算标准

在月薪相同的情况下，不同的工时制度加上不同的月份会衍生出不同的薪资计算结果。企业在执行标准工时制时得出了 21.75 个计薪日，在实施不定时或综合工时制的情况下是否依旧可以使用 21.75 个计薪日则需要结合实际情况决定。同样地，企业如果实施特殊工时时，就需要重新完善薪酬计算标准。

（3）告知承诺制

前文提到过，不定时工时制和综合工时制需要经过当地行政部门审批通过后才能实行。在实践过程中，如果审批不通过，企业就无法擅自安排劳动者强制执行不定时或综合工时制。条例中提到“经过协商一致实行不定时或综合工时制”的企业可以直接实行告知承诺制。这个规定可以方便企业更好、更灵活地进行工作时间配置。企业在实行告知承诺制时有以下三个前置条件。

① 不能实行法定标准工时制度

从生产经营特点来看，大多数企业是可以实行法定标准工时制度的。因此，企业需要从工作岗位、工作内容出发判断是否无法实行标准工时制。

从企业的角度分析，互联网企业并不符合上述特点，完全可以实行标准工时制。

② 符合特殊工时制度的适用范围

企业是否可以实行不定时工时制和综合工时制，判断标准除了工作岗位、工作内容外，还有工作时间。

③ 经协商一致实行

虽然原文中并没有写到协商一致，但是工时制度作为工作时间的重要组成部分，而工作时间又是劳动合同的必备条款，因此工时制度的确认是需要用人双方协商一致后才能实行的。

不仅是深圳，北京也有类似的规定。北京自由贸易区内的企业推行特殊工时告知承诺制。在适用范围上，相比于深圳，北京的要求更加严格，规定中提到：

企业符合下列条件，申请特殊工时可采取告知承诺制，进一步优化办理流程：

1. 北京自贸区内注册的企业及外地企业在北京自贸区设立的分支机构（以下简称申请人）；

2. 已经在本市取得特殊工时行政许可；

3. 符合《北京市企业实行综合计算工时工作制和不定时工作制的办法》（京劳社资发〔2003〕157 号）第十七条有关规定情形，企业名称发生变化或综合计算工时工作制实行期限已满，需要重新申报。

可见，从流程便捷性来看，告知承诺制可能会替代申报审批制。随着近些年新职业的出现，如电子竞技员、网约配送员、出生缺陷防控咨询师等，越来越多的特殊工时制度诞生了。企业可根据自身特点、工作岗位、工作内容及业务状况合理安排劳动者的工作时间，为劳动者设置适当的工时制度。企业在设定工时制度时要尽量慎重，因为一旦需要调整，就必须经过劳动者的同意。

劳动者也需要逐渐适应新时代的发展，特殊工时或新工时制度的普及会在一定程度上改变劳动者的生活。传统的“做五休二”、双休日等都会受到特殊工时制的挑战和改变。

CHAPTER 3

第三章

薪资计算过程中的三大要点解析

A 员工：小陈，我这个月工资是不是发少了？

小陈：没有啊，你这个月刚入职 10 天，我就给你计算 10 天的工资了。

A 员工：难道不是按照我缺勤的天数来计算吗？

小陈：咱们公司都是按照出勤天数来计算工资的。

A 员工：为什么按出勤天数和缺勤天数计算出来的工资会不一样呢？

第一节　工资总额、平均工资与出勤工资的实践操作

工资总额包括计时工资、计件工资、奖金、津贴和补贴、加班加点工资、特殊状况下支付的工资共六项。通俗来说，绝大部分薪酬设计中的科目都是工资总额的组成部分。

平均工资包括基本工资、岗位工资、工龄工资、学历工资、绩效奖金、提成、年终奖和固定的补贴津贴（如交通补贴、餐饮补贴、通信补贴）。

由于员工前 12 个月平均工资的适用范围比较广泛，我们也做了对应的梳理和罗列（如图 3-1 所示）。员工前 12 个月平均工资常见的适用情形包括：

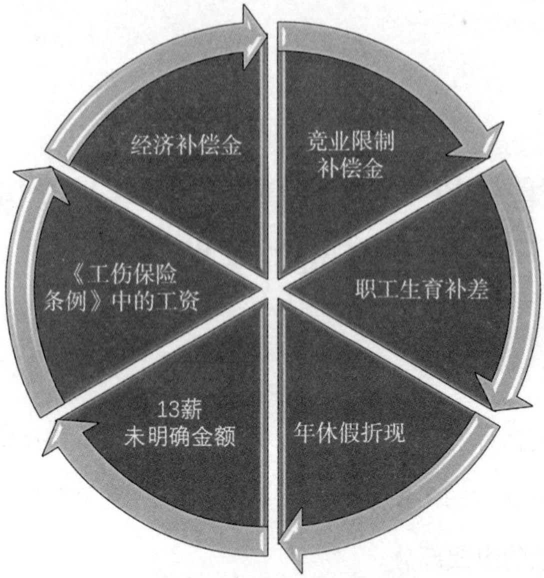

图 3-1　员工前 12 个月平均工资的适用范围

（1）计算员工结束劳动关系时经济补偿金的基数；

（2）计算企业支付给履行竞业限制员工补偿金的基数；

（3）职工领取生育津贴后需要进行补差的基数；

（4）应休未休年休假需要折现时的基数；

（5）13 薪未明确具体金额时的基数；

（6）计算《工伤保险条例》中的“工资”时的基数。

以上情形所指的前 12 个月平均工资均以发生该情况时往前推算。例如，计算经济补偿金的基数是按照员工结束劳动关系前 12 个月的平均工资计算得出。

出勤工资，又叫正常出勤工资，在工资设定中属于“基本工资”类，员工只要正常上下班就可以拿到这部分工资收入。在实际操作中，很多假期工资都是按照出勤工资来计算的。

工资总额、平均工资和出勤工资都可能以“工资”的名义呈现，但HR从业者在计算时需要非常清楚地区分这三者的区别，并找到对应的使用情形，如表3-1所示。

表3-1 工资总额、平均工资和出勤工资的区别

	工资总额	平均工资	出勤工资
组成语境	计时工资、计件工资、奖金、津贴和补贴、加班加点工资、特殊状况下支付的工资	员工前12个月平均工资、企业上年度职工月平均工资、当地上年度职工月平均工资	正常出勤的劳动工资
常用情形	计算社保基数、个税基数等时	计算生育津贴 + 补差、经济补偿金基数等时	计算婚丧假、育儿假等的薪资时

第二节　时薪制、日薪制、月薪制和年薪制

企业在和劳动者约定劳动报酬的时候，会出现时薪制、日薪制、月薪制和年薪制等不同的模式与制度。

1. 时薪制

时薪制是指按小时计薪的制度。谈到时薪，我们会习惯性地将其与小时工、非全日制劳动关系进行关联，其实在劳动关系中也可以用到时薪制，如加班工资的计算等。只是非全日制劳动关系与全日制劳动关系的时薪并不相同，如各地的小时最低工资标准对标的是非全日制劳动关系的时薪制，而不是全日制劳动关系的时薪制，全日制劳动关系对标的是月最低工资标准。

2. 日薪制

与时薪制相似，日薪多用于出勤缺勤工资的计算、节假日加班工资的计算、产假工资的计算等方面。虽然日薪制看似不受最低工资标准的限制，但实际上根据全日制与非全日制劳动关系的差异，日薪制还是会通过计算换算成月薪制或时薪制。

例如，广州某劳动者的日薪是 100 元。假设企业实行“做五休二”的考勤制度，该员工在 2022 年 4 月满勤，工作日共计 21 天，在标准全日制劳动关系下他的实际月薪是 2 100 元，低于广州 2 300 元的月最低工资标

准，所以该劳动者的日薪是需要调整的。

同样是广州的劳动者，他的日薪是 100 元，假设他与公司是非全日制劳动关系，他每天工作 4 小时，则该劳动者的实际时薪为 25 元，高于广州 22.2 元的小时最低工资标准，那么该劳动者的日薪就不需要调整了。

3. 月薪制和年薪制

月薪制和年薪制相对比较复杂，不仅适用范围更广，而且关联性较为明确，如表 3-2 所示。

表 3-2　月薪制和年薪制的常规架构与注意事项

	月薪制	年薪制
常规架构	工资：基本工资、结构工资、岗位工资、工龄工资、学历工资、加班工资 补贴：交通补贴、通信补贴、午餐补贴、住房补贴等 福利：法定福利、统一福利、专项福利等	月薪：工资、补贴、福利等 奖金：年终奖金、月 / 季度奖金、绩效奖金等 风险收入：股权期权、保证金、长期收益奖金、职务费用等
注意事项	（1）发放时间 （2）最低工资 （3）工资签收 （4）基数合一	（1）发放时间 （2）最低工资 （3）工资签收 （4）基数合一 （5）考核设定

从表 3-2 中可以看出，月薪制相当于年薪制的子集。企业中大多数劳动者的薪资都会按照月薪制设计；企业的核心人员或高层管理者的薪资则会按照年薪制设计。因此，在常规架构中，年薪制往往涵盖了月薪制的内容。

除此以外，《工资支付暂行规定》明确规定，企业至少每月向员工支付一次工资，年薪制也不例外。也就是说，尽管年薪制是一个总包的薪酬，但是企业也不能一年支付员工一次薪资，至少每月按照相关规定支付一次，且需要参考最低工资的相关标准。

月薪制与年薪制发放的注意事项分别如图 3-2 和图 3-3 所示。

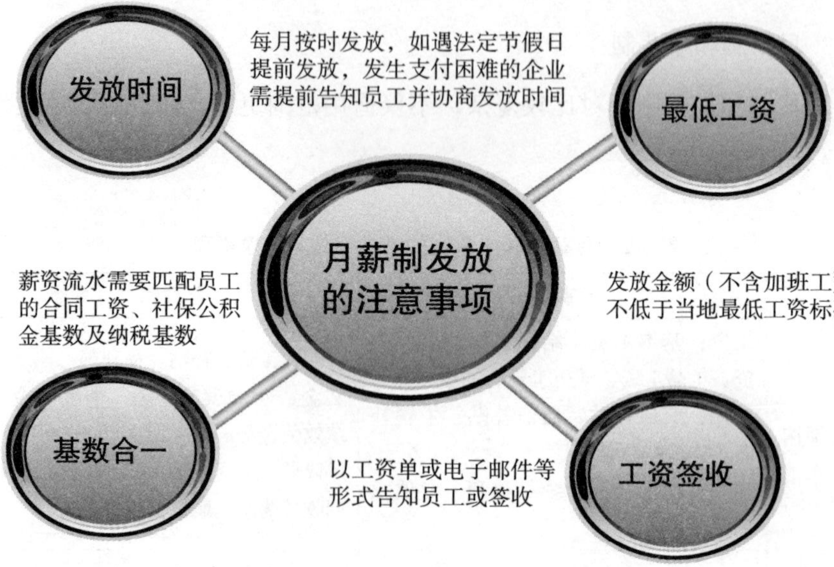

图 3-2　月薪制发放的注意事项

图 3-3　年薪制发放的注意事项

第三节 当地最低工资标准的含金量与适用范围

当地最低工资标准是HR从业者在计算工时与工资时的一个非常重要的参考依据和标准。每年，各地人力资源管理部门都会根据当地的社会平均工资水平、劳动生产率水平和经济发展水平、就业状况、社会保险标准等关键因素，对标国内其他城市最低工资政策的实施情况，在广泛听取劳动者和企业代表、专家学者及相关部门的意见，保障低收入劳动者的劳动报酬权益和统筹兼顾企业承受能力的基础上，对最低工资标准进行调整。也就是说，最低工资是有测算方法的。

1. 确定最低工资标准应考虑的因素

相关部门在确定最低工资标准时一般考虑城镇居民生活费用支出、职工个人缴纳社会保险费、住房公积金、职工平均工资、失业率、经济发展水平等因素。用公式表示，即M=f（C、S、A、U、E、a）

M是指最低工资标准；

C是指城镇居民人均生活费用；

S是指职工个人缴纳社会保险费、住房公积金；

A是指职工平均工资；

U是指失业率；

E 是指经济发展水平；

a 是指调整因素。

2. 确定最低工资标准的通用方法

确定最低工资标准的方法有很多，在这里我们列举恩格尔系数法。恩格尔系数法即根据国家营养学会提供的年度标准食谱及标准食物摄取量，结合标准食物的市场价格，计算出最低食物支出标准，除以恩格尔系数，得出最低生活费用标准，乘以每一位就业者的赡养系数后再加上一个调整数。

利用以上方法计算出月最低工资标准后，再考虑职工个人缴纳社会保险费、住房公积金、职工平均工资水平、社会救济金和失业保险金标准、就业状况、经济发展水平等进行必要的修正。

例如，某地区最低收入组人均每月生活费支出为 210 元，每一位就业者赡养系数为 1.87，最低食物费用为 127 元，恩格尔系数为 0.604，平均工资为 900 元。

（a）按比重法计算得出该地区月最低工资标准为：

月最低工资标准 =210 × 1.87+a=393+a（元）（1）

（b）按恩格尔系数法计算得出该地区月最低工资标准为：

月最低工资标准 =127 ÷ 0.604 × 1.87+a=393+a（元）（2）

公式（1）与公式（2）中 a 的调整因素主要考虑当地个人缴纳养老、失业、医疗保险费和住房公积金等费用。

国际上一般月最低工资标准相当于月平均工资的 40% ~ 60%，那么该地区月最低工资标准范围应在 360 元 ~ 540 元。

小时最低工资标准 =［（月最低工资标准 ÷20.83÷8）×（1+ 单位应当缴纳的基本养老保险费、基本医疗保险费比例之和）］×（1+ 浮动系数）

浮动系数的确定主要考虑非全日制就业劳动者工作稳定性、劳动条件和劳动强度、福利等方面与全日制就业人员之间的差异。

各地最低工资标准一般分为时薪和月薪，如上海从 2021 年 7 月 1 日起调整最低工资标准，月最低工资标准从 2 480 元调整到 2 590 元，增加了 110 元；小时最低工资标准从 22 元调整到 23 元。

在月薪制的最低工资标准中，由于存在地域差异，部分地区会出现一类、二类、三类和四类的区别，如广东省自 2021 年 12 月 1 日起提高了月最低工资标准和非全日制小时工资标准（如表 3-3 所示）。

表 3-3　广东省不同类别地区的最低工资标准

类别	月最低工资标准	小时最低工资标准	适用地区
一类	2 300 元	22.2 元	广州
	2 360 元		深圳
二类	1 900 元	18.1 元	珠海、佛山、东莞、中山
三类	1 720 元	17 元	汕头、惠州、江门、湛江、肇庆
四类	1 620 元	16.1 元	韶关、河源、梅州、汕尾、阳江、茂名、清远、潮州、揭阳、云浮

月最低工资标准适用于全日制劳动关系下的用工，而小时最低工资标准适用于非全日制劳动关系下的用工。因此，两者有着本质的差异与不同。

事实上，各地的月最低工资标准不仅在金额上有所差异，其对应的含金量也存在着较大的区别。目前我国各地的月最低工资标准的含金量可以分为四大类，如图 3-4 所示。

图 3-4　最低工资标准的含金量

（1）大部分地区

我国大部分地区的最低工资标准可以参考《最低工资规定》，当地最低工资即为劳动者税前的个人所得部分，也就是税前工资，包含劳动者个人缴纳的养老、失业、医疗保险费和住房公积金等费用（以下简称“三险一金”）。以广州为例，如果劳动者在当月正常出勤劳动且没有缺勤，企业需要保证其税前工资不得低于 2 300 元。其中，以下四类情形不适用最低工资，如图 3-5 所示。

图 3-5　不适用最低工资的四种情形

当劳动者的税前工资中出现以下情形时，企业可不参考最低工资标准发放工资。

① 非正常出勤

一旦员工出现病假、事假等非正常出勤情况，广州地区的员工不受 2 300 元最低工资标准的限制，企业可以根据员工的实际出勤情况进行扣除。如果员工申请的是年休假、婚假等，或者其在法定工作时间内依法参加社会活动，其最低工资依然受到 2 300 元的限制。

② 加班工资

最低工资中不包含加班工资，无论是超时加班费还是加班费包干，都需要从最低工资中剔除。如果广州地区的员工在当月正常出勤工作后，还延长了工作时间，那么判断最低工资是否合法就需要考量企业支付的税前个人月工资再减去加班费后的金额。

例如，某员工的加班费是 500 元，其获得的最低税前个人工资为 2 800 元，如果低于 2 800 元，就属于违反最低工资标准的相关规定。

③ 特殊环境津贴

特殊环境津贴是指员工在夜班、高温、低温、井下、有毒有害等特殊工作环境、条件下工作获得的津贴。相关津贴的计算方式可参考“加班工资”。

④ 法定福利待遇

法定福利待遇是指有法律规定的、超出正常工资范围发放给员工的福利待遇，如独生子女费。福利待遇的计算方式可参考“加班工资”。

（2）上海、北京、安徽等地

上海、北京、安徽等地的最低工资成本是最高的。例如，上海从2021年7月1日起将月最低工资标准从2 480元调整到了2 590元，这里的2 590元是指劳动者在正常出勤并提供劳动后的税后收入。由于企业在计算薪资时一般是根据税前收入导出税后收入，因此我们还需要根据税后收入2 590元倒推出税前月最低工资。假设税前月最低工资为X，且企业只正常缴纳社保和公积金，则：

$$X-5\ 975\times 12.5\%-2\ 480\times 7\%=2\ 590\text{（元）}$$

得出X=3 510.48元，正常情况下低于3 510.48元的月税前个人收入就是违反了最低工资标准的规定。当然考虑到上海地区的特殊性，如近两年的社保基数与社会职工平均工资并不完全关联，公积金基数有降低企业用工成本的设计，再如常年变化的最低工资、社会职工平均工资、社保与公积金比例等，都会导致X这个数字的变化。北京、安徽等地也是同理。

（3）江苏

江苏的最低工资用公式表示，即：

税后个人所得 + 劳动者按下限缴存的住房公积金 = 当地最低工资

自 2021 年 8 月 1 日起江苏调整全省最低工资标准，月最低工资标准为一类地区 2 280 元。假设某员工的税前月最低工资为 X，公积金缴纳比例为 5%，则：

$$X - 2\,280 \times 5\% = 2\,280（元）$$

得出 X=2 394 元，正常情况下低于 2 394 元的月税前个人收入也属于违反最低工资标准的规定。

（4）新疆

在我国所有地区中，新疆对最低工资标准的规定可以说是独树一帜，因为它曾创立了两套计算方式，即含“个人三险一金”和不含“个人三险一金”，这就给了企业更多的选择和自主权，从 2018 年 1 月 1 日开始执行。具体金额如表 3-4 所示。

表 3-4　新疆计算最低工资的两套公式

地区类型	含“个人三险一金”	不含“个人三险一金”
一类地区	1 820 元	1 441 元
二类地区	1 620 元	1 241 元
三类地区	1 540 元	1 161 元
四类地区	1 460 元	1 081 元

这个最低工资的计算规则已在 2021 年 4 月 1 日被调整了。调整后新疆和全国大多数城市一样，最低工资变成了税前月个人工资，调整后四类地区的最低工资分别为 1 900 元、1 700 元、1 620 元和 1 540 元。

由此可见，尽管最低工资在不同城市的金额相差不大，但其含金量并不相同，如果放在同一个起跑线衡量还是有一定差别的。那么，关注最低工资变化的意义又在哪儿呢？图 3-6 是除工资发放以外关于最低工资在劳动法律规定中的常见用途。

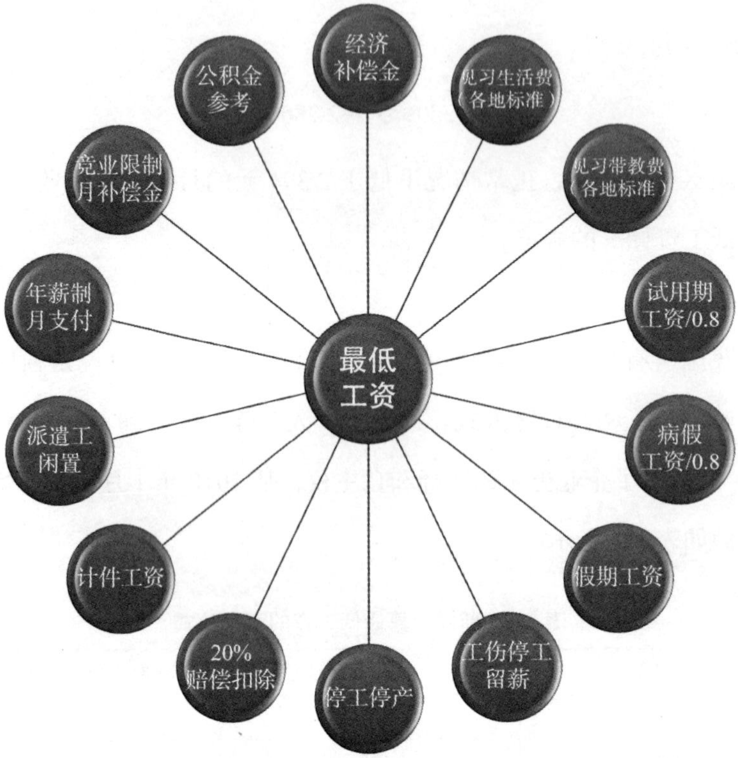

图 3-6　最低工资在劳动法律规定中的常见用途

（1）经济补偿金的最低标准线；

（2）见习生活费补贴 = 最低工资 ×80%；

（3）见习带教费补贴 = 最低工资 ×30%；

（4）试用期工资的最低标准 = 最低工资 ×80%；

（5）病假工资的最低标准 = 最低工资 ×80%；

（6）假期工资计算的最低标准线；

（7）工伤停工留薪期的最低标准线；

（8）停工停产期的最低标准线；

（9）员工工资扣除 20% 赔偿费后的最低标准线；

（10）计件（提成类）工资的最低标准线；

（11）被派遣劳动者无工作时的最低标准线；

（12）年薪制下每月预支付工资的最低标准线；

（13）竞业限制月补偿金的最低标准线；

（14）公积金缴存下限的参考基数。

由此可见，最低工资会影响到企业用工的各个方面，并非只局限于工资计算和发放。在劳动合同中，已“约定”劳动者每月领取最低工资的企业也需要时刻关注最低工资标准的变化，便于及时调整劳动合同的金额。

表 3-5 是人力资源和社会保障部在 2022 年 4 月 8 日发布的全国各省市最低工资标准。

表 3-5　人力资源和社会保障部发布的全国各省市最低工资标准

单位：元

地区	月最低工资标准				小时最低工资标准			
	第一档	第二档	第三档	第四档	第一档	第二档	第三档	第四档
北京	2 320				25.3			
天津	2 180				22.6			
河北	1 900	1 790	1 680	1 580	19	18	17	16
山西	1 880	1 760	1 630		19.8	18.5	17.2	
内蒙古	1 980	1 910	1 850		20.8	20.1	19.5	
辽宁	1 910	1 710	1 580	1 420	19.2	17.2	15.9	14.3
吉林	1 880	1 760	1 640	1 540	19	18	17	16
黑龙江	1 860	1 610	1 450		18	14	13	

（续表）

地区	月最低工资标准				小时最低工资标准			
	第一档	第二档	第三档	第四档	第一档	第二档	第三档	第四档
上海	2 590				23			
江苏	2 280	2 070	1 840		22	20	18	
浙江	2 280	2 070	1 840		22	20	18	
安徽	1 650	1 500	1 430	1 340	20	18	17	16
福建	2 030	1 960	1 810	1 660	21	20.5	19	17.5
江西	1 850	1 730	1 610		18.5	17.3	16.1	
山东	2 100	1 900	1 700		21	19	17	
河南	2 000	1 800	1 600		19.6	17.6	15.6	
湖北	2 010	1 800	1 650	1 520	19.5	18	16.5	15
湖南	1 930	1 740	1 550		19	17	15	
广东	2 300	1 900	1 720	1 620	22.2	18.1	17	16.1
其中：深圳	2 360				22.2			
广西	1 810	1 580	1 430		17.5	15.3	14	
海南	1 830	1 730	1 680		16.3	15.4	14.9	
重庆	2 100	2 000			21	20		
四川	2 100	1 970	1 870		22	21	20	
贵州	1 790	1 670	1 570		18.6	17.5	16.5	
云南	1 670	1 500	1 350		15	14	13	
西藏	1 850				18			
陕西	1 950	1 850	1 750		19	18	17	
甘肃	1 820	1 770	1 720	1 670	19	18.4	17.9	17.4
青海	1 700				15.2			
宁夏	1 950	1 840	1 750		18	17	16	
新疆	1 900	1 700	1 620	1 540	19	17	16.2	15.4

注：本表数据时间截至 2022 年 4 月 1 日。

➲ 实例分析：正确的算法——出勤天数比例计算法

许多企业的 HR 从业者为了计算方便，会按实际工作天数来计薪，劳动者在了解到法定计薪日为 21.75 天后，就会提出质疑：为什么我的工资不是按 21.75 天计算？是不是 HR 少算我的工资了？

即便 HR 从业者采用了 21.75 天的法定计薪日，薪资的正算法（按出勤天数计算）和反算法（按缺勤天数计算）在有些时候还会不合常理，如图 3-7 所示。

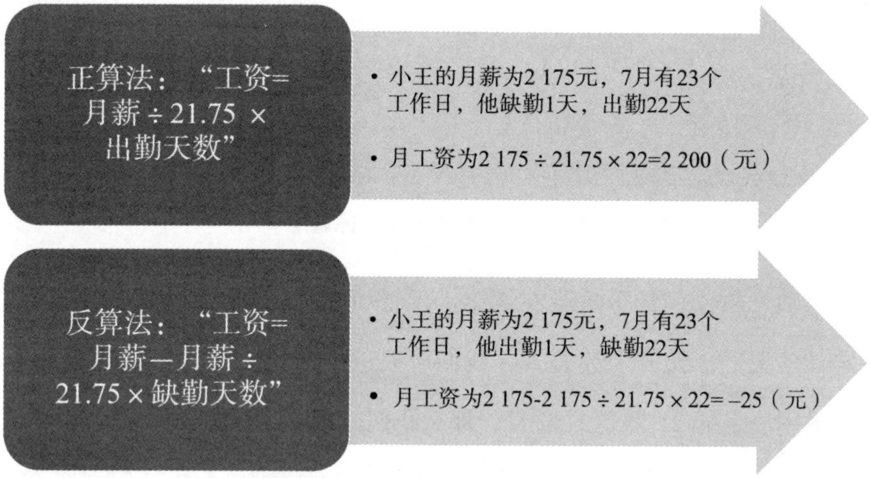

图 3-7　21.75 的正算法与反算法

员工缺勤 1 天反而比满勤的月工资还高？员工出勤 1 天反而要倒贴企业钱？为了能够既引入法定的 21.75 天计薪日，又避免出现上述尴尬的情况，我们引入了"出勤天数比例计算法"，如图 3-8 所示。

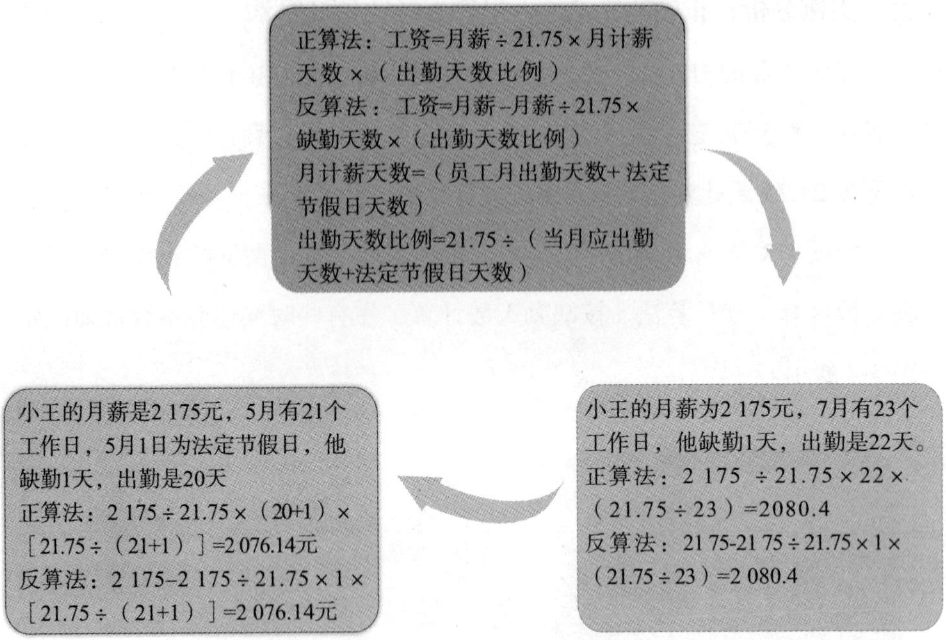

图 3-8　出勤天数比例计算法

出勤天数比例计算法既在结果上保证了相对公平，也引入了 21.75 的法定计薪天数。抛开上述公式，我们可以这样理解：既然员工希望 HR 从业者采用法定的 21.75 天计薪日，那么我们就以 21.75 为背景去计算。

依然以小王为例，他的月薪是 2 175 元，月计薪日为 21.75 天，则其日薪为 100 元。此时我们只需要折算小王在月计薪日为 22 天（或 23 天）的情况下计薪 21 天，相当于在月计薪日为 21.75 天的情况下计薪多久呢?

X/21.75=21/22

得到 X=20.761 4 天，再按照日薪 100 元计算，就可以得到 2 076.14 元的工资，无论正算反算，结果都是一样的。

➲ 总结与思考：每月的月薪、日薪、时薪是否一样

劳动者每月的月薪、日薪、时薪是否一样呢？经常计算工资的 HR 从业者知道，这个问题的答案是不一样的。企业在设置月薪制的时候，每个月的月薪中工资部分是固定的金额。由于每个月的实际工作日和计薪日并不相同，员工就会感觉自己每个月拿着相同的钱，干的天数却不一样；或者经常缺勤的劳动者会困惑自己每个月的日工资怎么会不一样？由于劳动关系下的时薪就是由日薪转换而来的，所以日薪的不同必然也会引起时薪的不同。

那么，这个问题是否会涉及用工风险呢？工资的标准多是由企业和劳动者共同约定的。无论按照时薪、日薪、月薪甚至年薪，只要符合基本的劳动法律规定（如最低工资等），就是没有问题的。

因此，如果企业或劳动者对日薪或时薪有一定的要求，就不要设置月薪制，而是直接约定日薪制或时薪制。

CHAPTER 4

第四章

劳动用工政策下的加班时间与加班工资管理

在某HR社群内，小王和小陈就每周工作40小时还是44小时产生了分歧。

小王：《劳动法》规定平均每周工作时间不得超过44小时！

小陈：国务院规定平均每周工作时间不得超过40小时！

第一节　加班时长与加班认定管理

在用工管理方面，加班管理和加班争议属于高频热点。其中常见的问题包括但不限于：

（1）是否算加班？

（2）加班了多久？

（3）加班费是多少？

（4）调休能作废吗？

HR 从业者在计算员工的加班时长时，既要结合相关劳动法律，也要结合用人双方的约定及规定。在第二章中，我们提到了不同的工时制度，其中除了企业在执行缩短工时制时原则上不能安排员工加班以外，其余工时制都存在一定的加班情形。

1. 标准工时

出于生产经营需要，用人单位经与工会和劳动者协商后可以延长工作时间，一般每天不得超过 1 小时；由于特殊原因，用人单位在保障劳动者身体健康的前提下可以延长工作时间，但每天不得超过 3 小时、每月不得超过 36 小时。

加班时长不仅有标准线，而且有上限。例如，每天工作 8 小时的员工，今天工作了 9 个小时，多出的 1 小时属于加班；每天工作 6 小时的员工，今天被要求工作 9 个小时，那么多出的 3 小时就属于加班，并已达到了每日加班的上限。因此在标准工时中，工作日加班时长的限制需要参考日常工作时间。

《劳动法》中把工作日的加班称为“延长工作时间”，而把公休日和节假日的加班称为“安排劳动者工作”。所以，从表面上看加班超时一般是指“延长工作时间”超过了法定的标准线，但实际上另一个相关复函中提到“延长工作时间的限制包括正常工作日的加点、休息日和法定休假日的加班”。因此，在标准工时下，休息日和法定节假日的加班时间也要计入 36 小时的计算范围内。

计件工时的加班时长认定标准可以参考标准工时。

2. 不定时工时与综合工时

不定时工时基于其特殊性，工作时间不确定且无法规律化。因此，在工作日和公休日几乎不存在计算加班时长的问题。

虽然综合工时制和不定时工时制一样比较特殊，但它具有在一个时间段内相对稳定的特点，因此我们可以将综合工时制视为结合了标准工时与不定时工时，在计算加班时长时进行了中和，只存在于工作日和法定节假日中的加班。

例如，A 单位的综合工时是以月为单位的，劳动者正常的月工作时间应该为 $20.83 \times 8 \approx 167$ 小时，于是员工工作超过 167 小时即被视为“延长工作时间”，也就是加班；如果以周为单位，那么员工工作超过 40 小时就被视为“延长工作时间”。由于法定节假日当天员工并不需要工作，因此加班时长就相当于工作时间。

同时需要注意，以上加班时长的计算并不包括以下特殊情形：

（1）发生自然灾害、事故或者因其他原因，威胁劳动者生命健康和财产安全，需要紧急处理的；

（2）生产设备、交通运输线路、公共设施发生故障，影响生产和公众利益，必须及时抢修的。

在标准工时的规定中除了有加班时长标准线和上限以外，还特别强调了加班认定过程中两个重要的前置条件，即加班要有合适理由和加班必须经过协商一致，这两个条件缺一不可。因此，企业一般会采用如下加班认定的管理方法。

（1）加班审批制度

加班审批制度主要出现在员工手册和公司规章制度里。考虑到个别员工到了下班时间后有可能会在办公室从事与工作无关的事情，企业在加班审批制度中增加了“加班审批单”的填写与使用规定。由于“加班审批单”一般留存在企业内部，因此当劳资双方发生加班争议的时候，“加班审批单”就是非常重要的证据，企业要尽可能保存好相关证据。

（2）加班费用包干

加班费用包干是指在签订劳动合同时，把加班费作为薪酬的一部分进行约定。之所以出现这类情形是因为部分行业加班的情形多且相对固定，HR 从业者为了方便计算，就把每个月的加班费设置为固定金额，纳入薪酬结构体系中。因此，加班费用包干实际上是企业与员工约定的一种行为。固定加班费的数额主要取决于员工的加班时长。

（3）加班约定情形

鉴于加班认定的两个前置条件，劳动合同中双方约定的协议文本也是企业常用的加班认定的一种方式。不同于加班费用包干，加班情形的约定在加班时长上无法确定，因此双方在约定时，应针对行业特点和企业的具体情况，尽可能对需要加班的情形进行详细列举和描述，避免用“等”“其他”或“类似情况”进行概括。

第二节　加班工资基数与比例计算

全国各地将加班工资基数分成了如下不同的类别：

（1）根据劳动合同或集体合同中对工资基数的约定；

（2）根据劳动合同或集体合同中对出勤工资的约定；

（3）根据劳动合同或集体合同中对加班基数的约定，也就是直接明确加班工资的基数。

需要注意的是，如果劳动合同或集体合同中没有任何约定，各地也有自己的一些兜底规定。例如，上海“按劳动者正常出勤月依照《上海市企业工资支付办法》第二条规定的工资（不包括加班工资）的 70% 确定”。

在实际操作中，加班工资基数争议出现的主要原因是无任何约定或约定不清晰。例如，企业中许多岗位的工资并不固定，每月根据员工的业绩完成情况出现不规律的上下浮动。如果企业无法直接约定加班工资基数，HR 从业者就需要了解当地的兜底规定，避免因加班工资基数产生争议。

尽管加班工资基数与工时制度无关，但加班比例的计算却需要参照工时制度。《劳动法》中明确出现了 150%、200% 和 300% 三种不同类型的加班比例。HR 从业者可以参考表 4-1 适用不同的工时制度。

表 4-1 五类工时制度的加班费处理情况

工时制度	加班时间	加班工资
标准工时	≤ 3 小时 / 天 ≤ 36 小时 / 月	150%、200%、300%
不定时工时	无	300%
综合工时	平均周期内参考标准工时	150%、300%
缩短工时	无	300%
计件工时	≤ 3 小时 / 天 ≤ 36 小时 / 月	150%、200%、300%

HR 从业者需要注意以下四点。

（1）原则上工作日延长工作时间和法定节假日加班无法安排调休，企业只能按比例支付加班费。不过在实际操作中，如果员工在工作日延长工作时间，企业多以安排调休处理；如果员工在法定节假日加班，就建议企业直接向员工支付加班费。

（2）在无法安排调休的情况下，如果员工在公休日加班，企业需要向员工支付 200% 的加班费。因此，建议企业优先为员工安排调休。

（3）只要员工还在职，加班对应的调休既不会自动作废，也无法约定作废。

（4）员工在法定节假日加班时，300% 的加班费在多数地方被认定为需要额外支付，因为法定节假日本身就是带薪假日。

第三节　加班与值班的差异及注意事项

并不是所有的“加班”都是加班，你以为的加班有可能只是值班，你以为的多倍工资有可能只是岗位补贴。在每年发生的劳动争议中，关于加班和加班费的争议越来越多，一些企业由于不能正确理解加班和值班的区别而做出了不必要的赔偿。

1. 加班和值班的相同点

首先，加班和值班的时间点。加班和值班都是指劳动者在非常规工作时间内在本单位从事的工作。常规工作时间既包括标准工时，也包括不定时和综合工时的工作时间。例如，在标准工时制中，如果企业执行的是“朝九晚六”“做五休二”的考勤制度，那么，员工早上 9 点以前、晚上 6 点以后、休息的那 2 天和法定节假日在公司工作都有可能被视为加班或值班。

其次，加班和值班都需要公司根据生产运营情况提出，并和员工协商一致。这也就是为什么“主动”申请加班或值班的员工往往得不到相应的报酬，因为加班和值班的成立需要企业与员工的双向性。

2. 区别加班和值班的关键点

值班一般是指单位因安全、消防等需要，临时或根据规章制度安排劳动者从事与本职无关的工作，或者虽与劳动者本职工作相关，但在值班期间劳动者可以休息，劳动者一般承担非生产经营性的责任。

加班是指劳动者在正常工作时间以外从事自己的本职工作，或者完成自己的具体生产或经营任务，承担相应的生产经营性责任，不存在边工作边休息的情况。

我们通过表 4-2 说明哪些情况属于加班，哪些情况属于值班。

表 4-2 区分加班与值班的案例

举例	属性
财务人员周末到公司核算报表	加班
公司保安节假日来值班室看门	加班
财务人员节假日来公司值班室看门	值班
财务人员周末负责公司活动的布置	值班

那么，边工作边休息到底是算加班还是值班呢？在司法实践中，认定值班的时候有一个非常关键的点，那就是期间可以休息。这样一来，即使劳动者被安排与本职工作有关联的任务但在值班期间可以休息，也应当被认定为值班。

3. 工伤认定是否需要区分加班和值班

由于很多 HR 从业者无法准确区分加班和值班，所以一旦劳动者出现了劳动伤害就直接定性为工伤。其实，工伤要符合“三工”的基本要求，即工作时间、工作地点、工作原因。

首先是工作时间。加班和值班的时间一般属于“非正常”工作时间。那么工伤必须发生在工作时间之内。

其次是工作地点。加班和值班的地点一般都是由公司指定的。那么，在法律定义上，工伤必须发生在工作地点之内。

最后是工作原因。HR从业者需要辨别员工加班或值班是否经过公司审批，并已和员工达成共识。加班的工作内容往往是员工的本职工作或公司的主营业务，那么经过公司和员工协商一致后，一旦发生工伤，就被视为工作原因。但是，鉴于值班的特殊工作性质，公司对员工的工作内容及作息时间的要求完全不同于加班，值班过程中很容易出现无法认定为工伤的情况。

总体来说，工伤的认定并不完全取决于是加班还是值班，但值班过程中发生的工伤认定难度通常高于加班。

4. 企业如何合理使用加班和值班

企业管理者合理规划加班和值班的方式如表4-3所示。

表4-3　合理规划加班和值班的方式

	加班	值班	管理建议
时间	1. 非工作时间 2. 每天1小时，最长不超过3小时 3. 每月不超过36小时	1. 非工作时间 2. 无最高值班时限约定	加班和值班交替使用，若是避免不了的长时间加班，可以设置成值班模式
工资	不同工时对应不同标准，常见的有150%、200%、300%	无法制定标准，由企业自由判定	既可以将值班补贴等同于日常工资，也可以根据加班费的比例进行调整，如125%、150%、200%
特点	工作内容和自身岗位相关或是企业的主营业务	非生产经营性的责任或与本职工作无关	将加班和值班的内容相结合，形成“半工半休”的模式

➲ 实例分析：从劳动争议典型案例看加班管理的发展趋势

2021 年 8 月 25 日，人力资源和社会保障部与最高人民法院联合发布了第二批劳动人事争议典型案例，这批案例主要集中在工时和加班工资层面。

➲ 案例 1. 劳动者拒绝违法超时加班安排，用人单位能否解除劳动合同

基本案情

张某于 2020 年 6 月入职某快递公司，双方订立的劳动合同中约定试用期为 3 个月，试用期内张某的月工资为 8 000 元，合同中要求张某在工作时间内应遵守该公司的规章制度。该公司规定，员工的工作时间为早 9 时至晚 9 时，每周工作 6 天。2 个月后，张某以工作时间严重超过法律规定上限为由拒绝超时加班安排，该公司即以张某在试用期间被证明不符合录用条件为由与其解除劳动合同。张某向劳动人事争议仲裁委员会（简称仲裁委员会）申请仲裁。

申请人请求

请求裁决某快递公司支付违法解除劳动合同赔偿金共计 8 000 元。

处理结果

仲裁委员会裁决某快递公司支付张某违法解除劳动合同赔偿金共计 8 000 元（裁决为终局裁决）。仲裁委员会将案件情况通报劳动保障监察机构，劳动保障监察机构责令某快递公司改正其规章制度违反法律、法规规定的情形，并给予警告。

案例分析

本案的争议焦点是张某拒绝违法超时加班安排，某快递公司能否与其解除劳动合同。

《中华人民共和国劳动法》第四十一条规定："用人单位由于生产经营需要，经与工会和劳动者协商后可以延长工作时间，一般每日不得超过一小时；因特殊原因需要延长工作时间的，在保障劳动者身体健康的条件下延长工作时间每日不得超过三小时，但是每月不得超过三十六小时。"第四十三条规定："用人单位不得违反本法规定延长劳动者的工作时间。"《中华人民共和国劳动合同法》第二十六条规定："下列劳动合同无效或者部分无效：……（三）违反法律、行政法规强制性规定的。"为保护劳动者的休息权，我国法律对延长工作时间的上限予以明确规定。用人单位制定违反法律规定的加班制度，以及在劳动合同中与劳动者约定违反法律规定的加班条款，均应认定为无效。

本案中，某快递公司的规章制度中"工作时间为早 9 时至晚 9 时，每周工作 6 天"的内容，严重违反法律关于延长工作时间上限的规定，应认定为无效。张某拒绝违法超时加班安排，系维护自己的合法权益，不能据此认定其在试用期间被证明不符合录用条件。故仲裁委员会依法裁决某快递公司支付张某违法解除劳动合同赔偿金。

典型意义

《中华人民共和国劳动法》第四条规定："用人单位应当依法建立和完善规章制度，保障劳动者享有劳动权利和履行劳动义务。"法律在支持用人单位依法行使管理职权的同时，也明确规定其必须履行保障劳动者权利的义务。用人单位的规章制度及相应工作安排必须符合法律、行政法规的规定，否则用人单位既要承担违法后果，也不利于构建和谐稳定的劳动关系、促进自身健康发展。

➲ 案例 2. 劳动者与用人单位订立放弃加班费协议，能否主张加班费

基本案情

张某于 2020 年 6 月入职某科技公司，月工资为 20 000 元。该科技公司在与张某订立劳动合同时，要求其订立一份协议作为合同附件，协议内容包括“我自愿申请加入公司奋斗者计划，放弃加班费。”半年后，张某因个人原因提出解除劳动合同，并要求公司支付加班费。该公司认可张某加班事实，但以其自愿订立放弃加班费协议为由拒绝支付。张某向劳动人事争议仲裁委员会（简称仲裁委员会）申请仲裁。

申请人请求

请求裁决某科技公司支付 2020 年 6 月至 12 月的加班费共计 24 000 元。

处理结果

仲裁委员会裁决某科技公司支付张某 2020 年 6 月至 12 月的加班费共计 24 000 元。

案例分析

本案的争议焦点是张某订立放弃加班费协议后，还能否主张加班费。

《中华人民共和国劳动合同法》第二十六条规定：“下列劳动合同无效或者部分无效：……（二）用人单位免除自己的法定责任、排除劳动者权利的”。《最高人民法院关于审理劳动争议案件适用法律问题的解释（一）》

（法释〔2020〕26号）第三十五条规定："劳动者与用人单位就解除或者终止劳动合同办理相关手续、支付工资报酬、加班费、经济补偿或者赔偿金等达成的协议，不违反法律、行政法规的强制性规定，且不存在欺诈、胁迫或者乘人之危情形的，应当认定有效。前款协议存在重大误解或者显失公平情形，当事人请求撤销的，人民法院应予支持。"加班费是劳动者延长工作时间的工资报酬，《中华人民共和国劳动法》第四十四条、《中华人民共和国劳动合同法》第三十一条明确规定了用人单位支付劳动者加班费的责任。约定放弃加班费的协议免除了用人单位的法定责任，排除了劳动者权利，显失公平，应认定无效。

本案中，某科技公司利用在订立劳动合同时的主导地位，要求张某在其单方制定的格式条款上签字放弃加班费，既违反法律规定，也违背公平原则，侵害了张某的工资报酬权益。故仲裁委员会依法裁决某科技公司支付张某加班费。

典型意义

企业谋求发展、塑造文化时必须守住不违反法律规定、不侵害劳动者合法权益的底线，应在坚持按劳分配原则的基础上，通过科学合理的措施激发劳动者的主观能动性和创造性，统筹促进企业发展与维护劳动者权益。

➲ 案例 3. 用人单位未按规章制度履行加班审批手续，能否认定劳动者加班事实

基本案情

吴某于 2019 年 12 月入职某医药公司，月工资为 18 000 元。该医药公司的加班管理制度规定："员工加班需提交'加班申请单'按程序审批。未经审批的，不认定为加班，不支付加班费。"吴某入职后，按照公司安排实行每天早 9 时至晚 9 时、每周工作 6 天的工作制度。其按照公司加班管理制度提交了"加班申请单"，但公司未实际履行审批手续。2020 年 11 月，吴某与该公司协商解除劳动合同，要求公司支付加班费，并出具了考勤记录、与部门领导及同事的微信聊天记录、工作会议纪要等。某医药公司虽认可上述证据的真实性但以无公司审批手续为由拒绝支付加班费。吴某向劳动人事争议仲裁委员会（简称仲裁委员会）申请仲裁。

申请人请求

请求裁决某医药公司支付 2019 年 12 月至 2020 年 11 月的加班费共计 50 000 元。

处理结果

仲裁委员会裁决某医药公司支付吴某 2019 年 12 月至 2020 年 11 月的加班费共计 50 000 元。某医药公司不服仲裁裁决便起诉，一审法院判决与仲裁裁决一致，某医药公司未上诉，一审判决已生效。

案例分析

本案的争议焦点是某医药公司能否以无公司审批手续为由拒绝支付吴某加班费。

《中华人民共和国劳动法》第四十四条规定："有下列情形之一的，用人单位应当按照下列标准支付高于劳动者正常工作时间工资的工资报酬：（一）安排劳动者延长工作时间的，支付不低于工资的百分之一百五十的工资报酬；（二）休息日安排劳动者工作又不能安排补休的，支付不低于工资的百分之二百的工资报酬。"《工资支付暂行规定》（劳部发〔1994〕489 号）第十三条规定："用人单位在劳动者完成劳动定额或规定的工作任务后，根据实际需要安排劳动者在法定标准工作时间以外工作的，应按以下标准支付工资：……"。从上述条款可知，符合"用人单位安排""法定标准工作时间以外工作"情形的，用人单位应当依法向劳动者支付加班费。

本案中，吴某提交的考勤记录、与部门领导及同事的微信聊天记录、工作会议纪要等证据形成了相对完整的证据链，某医药公司亦认可上述证据的真实性。某医药公司未履行加班审批手续，并不影响对"用人单位安排"加班这一事实的认定。故仲裁委员会依法裁决某医药公司支付吴某加班费。

典型意义

劳动规章制度对用人单位和劳动者都具有约束力。一方面，用人单位应严格按照规章制度的规定实施管理行为，不得侵害劳动者的合法权益；另一方面，劳动者在自身合法权益受到侵害时，要注意保留相关证据，为维权提供依据。仲裁委员会、人民法院应准确把握加班事实认定标准，纠正用人单位规避法定责任、侵害劳动者合法权益的行为。

➲ 案例 4. 用人单位与劳动者约定实行包薪制，是否需要依法支付加班费

基本案情

周某于 2020 年 7 月入职某汽车服务公司，双方订立的劳动合同约定周某的月工资为 4 000 元（含加班费）。2021 年 2 月，周某因个人原因向公司提出解除劳动合同，并认为即使按照当地最低工资标准认定其法定标准工作时间工资，该汽车服务公司亦未足额支付加班费，于是要求其支付差额。某汽车服务公司认可周某加班事实，但以劳动合同中约定的月工资中已含加班费为由拒绝支付。周某向劳动人事争议仲裁委员会（简称仲裁委员会）申请仲裁。

申请人请求

请求裁决某汽车服务公司支付加班费差额共计 17 000 元。

处理结果

仲裁委员会裁决某汽车服务公司支付周某加班费差额共计 17 000 元（裁决为终局裁决），并就有关问题向某汽车服务公司发出仲裁建议书。

案例分析

本案的争议焦点是某汽车服务公司与周某约定实行包薪制，是否还需要支付周某加班费差额。

《中华人民共和国劳动法》第四十七条规定："用人单位根据本单位的生产经营特点和经济效益，依法自主确定本单位的工资分配方式和工资水平。"第四十八条规定："国家实行最低工资保障制度。"《最低工资规定》（劳动和社会保障部令第 21 号）第三条规定："本规定所称最低工资标准，

是指劳动者在法定工作时间或依法签订的劳动合同约定的工作时间内提供了正常劳动的前提下，用人单位依法应支付的最低劳动报酬。”从上述条款可知，用人单位可以依法自主确定本单位的工资分配方式和工资水平，并与劳动者进行相应约定，但不得违反法律关于最低工资保障、加班费支付标准的规定。

本案中，根据周某实际工作时间折算，即使按照当地最低工资标准认定周某法定标准工作时间工资，并以此为基数核算加班费，也超出了4 000元的约定工资，表明某汽车服务公司未依法足额支付周某加班费。故仲裁委员会依法裁决某汽车服务公司支付周某加班费差额。

典型意义

包薪制是指在劳动合同中打包约定法定标准工作时间工资和加班费的一种工资分配方式，在加班安排较多且时间相对固定的行业中比较普遍。虽然用人单位有依法制定内部薪酬分配制度的自主权，但内部薪酬分配制度的制定和执行须符合相关法律的规定。实践中，部分用人单位存在以实行包薪制规避承担支付加班费法定责任的情况。实行包薪制的用人单位应严格按照不低于最低工资标准的要求支付劳动者法定标准工作时间的工资，同时按照国家关于加班费的有关法律规定足额支付加班费。

➲ 案例5. 用人单位未与劳动者协商一致便增加工作任务，劳动者是否有权拒绝

基本案情

张某于2018年9月入职某报刊公司从事投递工作，每天工作6小时，

每周工作 6 天，月工资为 3 500 元。2020 年 6 月，因同区域另外一名投递员离职，该报刊公司在未与张某协商的情况下，安排其在第三季度承担该投递员的工作任务。张某认为，要完成加倍的工作量，其每天的工作时间至少需延长 4 小时以上，故拒绝上述安排。某报刊公司依据员工奖惩制度，以张某不服从工作安排为由与其解除劳动合同。张某向劳动人事争议仲裁委员会（简称仲裁委员会）申请仲裁。

申请人请求

请求裁决某报刊公司支付违法解除劳动合同赔偿金共计 14 000 元。

处理结果

仲裁委员会裁决某报刊公司向张某支付违法解除劳动合同赔偿金共计 14 000 元（裁决为终局裁决）。

案例分析

本案的争议焦点是某报刊公司未与张某协商一致便增加其工作任务，张某是否有权拒绝。

《中华人民共和国劳动合同法》第三十一条规定："用人单位应当严格执行劳动定额标准，不得强迫或者变相强迫劳动者加班。"第三十五条规定："用人单位与劳动者协商一致，可以变更劳动合同约定的内容。"劳动合同是明确用人单位和劳动者权利义务的书面协议，未经变更，双方均应严格按照约定履行，特别是涉及工作时间等劳动定额标准的内容。

本案中，某报刊公司超出合理限度大幅增加张某的工作任务，应视为变更劳动合同约定的内容，违反了关于"协商一致"变更劳动合同的法律规定，已构成变相强迫劳动者加班。因此，张某有权依法拒绝上述安排。某报刊公司以张某不服从工作安排为由与其解除劳动合同不符合法律规定。故仲裁委员会依法裁决某报刊公司向张某支付违法解除劳动合同赔偿金。

典型意义

允许用人单位与劳动者协商一致变更劳动合同，有利于保障用人单位根据生产经营需要合理调整用工安排。但要注意的是，变更劳动合同要遵循合法、公平、平等自愿、协商一致、诚实信用的原则。工作量、工作时间的变更直接影响了劳动者的休息权，用人单位对此进行大幅调整之前，应与劳动者充分协商，而不应采取强迫或变相强迫的方式，更不得违反相关法律规定。

➲ 案例 6. 处理加班费争议，如何分配举证责任

基本案情

林某于 2020 年 1 月入职某教育咨询公司，月工资为 6 000 元。2020 年 7 月，林某因个人原因提出解除劳动合同，并向劳动人事争议仲裁委员会（简称仲裁委员会）申请仲裁。林某主张其工作期间每周工作 6 天，并提交了某打卡 App 打卡记录（显示林某及某教育咨询公司均实名认证，林某每周一至周六打卡；每天打卡两次，第一次打卡时间为早 9 时左右，第二次打卡时间为下午 6 时左右；打卡地点均为某教育咨询公司所在位置，存在个别日期未打卡情形）、工资支付记录打印件（显示其曾因事假扣发工资，扣发日期及天数与打卡记录一致，未显示加班费支付情况）。某教育咨询公司不认可上述证据的真实性，主张林某每周工作 5 天，但未提交

考勤记录、工资支付记录。

申请人请求

请求裁决某教育咨询公司支付加班费共计 10 000 元。

处理结果

仲裁委员会裁决某教育咨询公司支付林某加班费共计 10 000 元（裁决为终局裁决）。

案例分析

本案的争议焦点是如何分配林某与某教育咨询公司的举证责任。

《中华人民共和国劳动争议调解仲裁法》第六条规定："发生劳动争议，当事人对自己提出的主张，有责任提供证据。与争议事项有关的证据属于用人单位掌握管理的，用人单位应当提供；用人单位不提供的，应当承担不利后果。"《最高人民法院关于审理劳动争议案件适用法律问题的解释（一）》（法释〔2020〕26 号）第四十二条规定："劳动者主张加班费的，应当就加班事实的存在承担举证责任。但劳动者有证据证明用人单位掌握加班事实存在的证据，用人单位不提供的，由用人单位承担不利后果。"从上述条款可知，主张加班费的劳动者有责任按照"谁主张谁举证"的原则，就加班事实的存在提供证据，或者就相关证据归用人单位管理提供证据。用人单位应当提供而不提供有关证据的，可以推定劳动者加班事实存在。

本案中，虽然林某提交的工资支付记录为打印件，但与实名认证的 App 打卡记录互相印证，能够证明某教育咨询公司掌握加班事实存在的证据。某教育咨询公司虽然不认可上述证据的真实性，但未提交反证或者做出合理解释，应承担不利后果。故仲裁委员会依法裁决某教育咨询公司支付林某加班费。

典型意义

我国法律将保护劳动者的合法权益作为立法宗旨之一，在实体和程序方面都做出了相应规定。在加班费争议处理中，要充分考虑劳动者举证能力不足的实际情况，根据“谁主张谁举证”原则、证明妨碍规则，结合具体案情合理分配用人单位与劳动者的举证责任。

➲ 案例 7. 劳动者超时加班发生工伤，用工单位、劳务派遣单位是否承担连带赔偿责任

基本案情

2017 年 8 月，某服务公司（已依法取得劳务派遣行政许可）与某传媒公司签订劳务派遣协议，约定某服务公司为某传媒公司提供派遣人员，每天工作 11 小时，每人每月最低保底工时 286 小时。2017 年 9 月，某服务公司招用李某并将其派遣至某传媒公司工作，未为李某缴纳工伤保险。2018 年 8 月、9 月、11 月，李某的月工时分别为 319 小时、293 小时、322.5 小时，每月休息日不超过 3 天。2018 年 11 月 30 日，李某的工作时间为当日晚 8 时 30 分至 12 月 1 日上午 8 时 30 分。李某于 12 月 1 日凌晨 5 时 30 分晕倒在公司卫生间，经抢救无效于当日死亡，死亡原因为心肌梗死等。2018 年 12 月，某传媒公司与李某近亲属惠某等签订赔偿协议，约定某传媒公司支付惠某等工亡待遇 42 万元，惠某等不得再就李某工亡赔偿事宜或在派遣工作期间享有的权利，向某传媒公司提出任何形式的赔偿要

求。上述协议签订后，某传媒公司实际支付惠某等各项费用计 423 497.80 元。此后，李某所受伤害被社会保险行政部门认定为工伤。某服务公司、惠某等不服仲裁裁决，诉至人民法院。

原告诉讼请求

惠某等请求判决某服务公司与某传媒公司连带支付医疗费、一次性工亡补助金、丧葬补助金、供养亲属抚恤金，共计 1 193 821 元。

某服务公司请求判决不应支付供养亲属抚恤金，应支付的各项赔偿中应扣除某传媒公司已支付款项，某传媒公司承担连带责任。

裁判结果

一审法院判决：按照《工伤保险条例》，因用人单位未为李某缴纳工伤保险，其工亡待遇由用人单位全部赔偿。某服务公司和某传媒公司连带赔偿惠某等医疗费、一次性工亡补助金、丧葬补助金、供养亲属抚恤金合计 766 911.55 元。某传媒公司不服，提起上诉。二审法院判决：驳回上诉，维持原判。

案例分析

本案的争议焦点是李某超时加班发生工伤，用工单位与劳务派遣单位是否应承担连带赔偿责任。

《中华人民共和国劳动法》第三十八条规定："用人单位应当保证劳动者每周至少休息一日。"第四十一条规定："用人单位由于生产经营需要，经与工会和劳动者协商后可以延长工作时间，一般每日不得超过一小时；因特殊原因需要延长工作时间的，在保障劳动者身体健康的条件下延长工作时间每日不得超过三小时，但是每月不得超过三十六小时。"《中华人民共和国劳动合同法》第九十二条规定："用工单位给被派遣劳动者造成损害的，劳务派遣单位与用工单位承担连带赔偿责任。"《国务院关于职工工作时间的规定》（国务院令第174号）第三条规定："职工每日工作8小时、每周工作40小时。"休息权是劳动者的基本劳动权利，即使在支付劳动者加班费的情况下，劳动者的工作时间仍然受到法定延长工作时间上限的制约。在劳务派遣用工中，如果劳动者因超时加班发生工伤，用工单位和劳务派遣单位对劳动者均应承担连带赔偿责任。劳动者与用工单位、劳务派遣单位达成赔偿协议的，当赔偿协议存在违反法律及行政法规的强制性规定、欺诈、胁迫或者乘人之危情形时，不应认定赔偿协议有效；当赔偿协议存在重大误解或者显失公平情形时，应当支持劳动者依法行使撤销权。

本案中，某服务公司和某传媒公司协议约定的被派遣劳动者每天工作时间及每月工作保底工时，均严重超过法定标准。李某工亡前每月休息时间不超过3日，每日工作时间基本超过11小时，每月延长工作时间已超过36小时数倍，其依法享有的休息权受到严重侵害。某传媒公司作为用工单位长期安排李某超时加班，存在过错，对李某在工作期间突发疾病死亡负有不可推卸的责任。惠某等主张某传媒公司与某服务公司就李某工亡的相关待遇承担连带赔偿责任，应予支持。惠某等虽与某传媒公司达成了赔偿协议，但赔偿协议是在劳动者未经社会保险行政部门认定工伤的情形下签订的，且赔偿协议约定的补偿数额明显低于法定工伤保险待遇标准，某服务公司和某传媒公司应对差额部分予以补足。

典型意义

面对激烈的市场竞争，个别用人单位为降低用工成本、追求利润最大化，长期安排劳动者超时加班，对劳动者的身心健康、家庭和睦等造成了严重影响，在极端情况下还会威胁劳动者的生命安全。本案系劳动者超时加班发生工伤而引发的工伤保险待遇纠纷，是超时劳动严重损害劳动者健康权的缩影。本案裁决明确了此种情况下用工单位、劳务派遣单位应承担连带赔偿责任，可以有效避免劳务派遣用工中出现“责任真空”的现象，充分保障了劳动者的合法权益。同时，用人单位应依法为职工缴纳工伤保险，保障职工的工伤权益。如用人单位未为职工缴纳工伤保险，工伤职工工伤保险待遇则全部由用人单位支付。

案例 8. 用人单位以规章制度形式否认劳动者加班事实是否有效

基本案情

常某于 2016 年 4 月入职某网络公司。入职之初，该网络公司利用电子邮件的方式告知常某，公司采取指纹打卡的考勤形式。员工手册规定：“21：00 之后算加班时间；加班需由员工提出申请，部门负责人审批。”常某于2016年5月至2017年1月期间，通过工作系统累计申请加班126小时。该网络公司以公司规章制度中明确 21：00 之后方算加班时间，21：00 之前的工作时间不应计入加班时间为由，拒绝支付常某加班费差额。常某向劳动人事争议仲裁委员会（简称仲裁委员会）申请仲裁，请求裁决某网络公司支付其加班费差额。某网络公司不服仲裁裁决，诉至人民法院。

原告诉讼请求

请求判决不支付常某加班费差额。

裁判结果

一审法院判决：某网络公司支付常某加班费差额共计32 000元。双方不服，均提起上诉。二审法院判决：驳回上诉，维持原判。

案例分析

本案的争议焦点是某网络公司以规章制度形式否认常某加班事实是否有效。

《中华人民共和国劳动合同法》第四条规定："用人单位应当依法建立和完善劳动规章制度，保障劳动者享有劳动权利、履行劳动义务。用人单位在制定、修改或者决定有关劳动报酬、工作时间、休息休假、劳动安全卫生、保险福利、职工培训、劳动纪律以及劳动定额管理等直接涉及劳动者切身利益的规章制度或者重大事项时，应当经职工代表大会或者全体职工讨论，提出方案和意见，与工会或者职工代表平等协商确定。……用人单位应当将直接涉及劳动者切身利益的规章制度和重大事项决定公示，或者告知劳动者。"通过民主程序制定的规章制度，不得违反国家法律、行政法规及政策规定，并已向劳动者公示的，可以作为确定双方权利义务的依据。

本案中，一方面，某网络公司的员工手册规定有加班申请审批制度，该规定并不违反法律规定，且具有合理性，在劳动者明知此规定的情况下，可以作为确定双方权利义务的依据。另一方面，某网络公司的员工手册规定21：00之后算加班时间，并主张18：00至21：00是员工晚餐和休息时间，故自21：00起算加班。鉴于18：00至21：00长达3小时，远超合理的用餐时间，且在下班3小时后再加班，不具有合理性。在某网络公司不能举证证实该段时间为员工晚餐和休息时间的情况下，其规章制度中的该项规定不具有合理性，人民法院依法否定了其效力。人民法院结合考勤记录、工作系统记录等证据，确定了常某的加班事实，判决某网络公司支付常某加班费差额。

典型意义

劳动争议案件的处理，既要保护劳动者的合法权益，也应促进企业的有序发展。合法的规章制度既能规范用人单位行使用工自主权，又能保障劳动者参与用人单位的民主管理，实现构建和谐劳动关系的目的。不合理的规章制度会导致用人单位的社会声誉差、认同感低，最终引发人才流失，不利于用人单位的长远发展。用人单位制定的合理合法的规章制度，可以作为确定用人单位、劳动者权利义务的依据。一旦用人单位以规章制度的形式规避自身应当承担的用工成本，侵害劳动者的合法权益，仲裁委员会、人民法院应当依法予以审查，充分保护劳动者的合法权益。用人单位应当根据实际情况，制定更为人性化的规章制度，增强劳动者对规章制度的认同感，激发劳动者的工作积极性，进一步减少劳动纠纷，为构建和谐的劳动关系做出贡献。

➲ 案例 9. 劳动者在离职文件上签字确认加班费已结清，是否有权请求支付欠付的加班费

基本案情

2017 年 7 月，肖某与某科技公司（已依法取得劳务派遣行政许可）订立劳动合同，被派遣至某快递公司担任配送员，月工资为基本工资加提成。肖某于 2019 年 11 月提出离职，主张该快递公司在用工期间安排其双

休日及法定节假日加班且未支付加班费，并提交了“工资表”。“工资表”上加盖有某科技公司的公章，某科技公司和某快递公司均认可其真实性。该“工资表”显示，2017 年 7 月至 2019 年 10 月肖某存在不同程度的双休日加班及法定节假日加班，但仅获得少则 46.15 元、多则 115.40 元的出勤补款或节假日补助。离职当日，肖某与某科技公司签署了“离职申请交接表”。该表中“员工离职原因”一栏显示：“公司未缴纳社会保险，工作压力大，没给加班费。”“员工确认”一栏显示：“经说明，我已知悉《中华人民共和国劳动合同法》规定的权利和义务，现单位已经将我的工资、加班费、经济补偿结清，我与单位无其他任何争议。本人承诺不再以任何理由向某科技公司及用工单位主张权利。”员工签名处有肖某本人签名。肖某认可“离职申请交接表”的真实性，但认为表中“员工确认”一栏虽系其本人签字，但并非其真实意思，若不签字，某科技公司就不让其办理工作交接手续，该栏内容系某科技公司逃避法律责任的一种方法。于是，肖某诉至人民法院。

原告诉讼请求

请求判决某科技公司与某快递公司支付加班费共计 82 261 元。

裁判结果

一审法院判决：驳回肖某加班费的诉讼请求。肖某不服，提起上诉。二审法院改判：某科技公司与某快递公司连带支付肖某加班费共计 24 404.89 元。

案例分析

本案的争议焦点是肖某是否与用人单位就支付加班费达成合法有效的

协议。

《最高人民法院关于审理劳动争议案件适用法律问题的解释（一）》（法释〔2020〕26号）第三十五条规定：“劳动者与用人单位就解除或者终止劳动合同办理相关手续、支付工资报酬、加班费、经济补偿或者赔偿金等达成的协议，不违反法律、行政法规的强制性规定，且不存在欺诈、胁迫或者乘人之危情形的，应当认定有效。”司法实践中，既应尊重和保障双方基于真实、自愿、合法原则签订的终止或解除劳动合同的协议，也应对劳动者明确持有异议的、涉及劳动者基本权益保护的协议真实性予以审查，依法保护劳动者的合法权益。

本案中，肖某认为“离职申请交接表”中“员工确认”一栏不是其真实意思表示，上面记载的内容也与事实不符。该表中“员工离职原因”与“员工确认”两处表述确实存在矛盾。两家公司均未提供与肖某就加班费等款项达成的协议及已向肖某支付上述款项的证据，且肖某否认双方就上述款项已达成一致并已给付。因此，“离职申请交接表”中员工确认的“现单位已将我的工资、加班费、经济补偿结清，我与单位无其他任何争议”与事实不符，不能认定为肖某的真实意思表示。本案情形并不符合《最高人民法院关于审理劳动争议案件适用法律问题的解释（一）》第三十五条之规定，故二审法院依法支持肖某关于加班费的诉讼请求。

典型意义

实践中，有的用人单位在劳动者终止或解除劳动合同时，会与劳动者就加班费、经济补偿或赔偿金等达成协议。部分用人单位利用其在后续工资发放、离职证明开具、档案和社会保险关系转移等方面的优势地位，变相迫使劳动者在用人单位提供的格式文本上签字，放弃包括加班费在内的权利，或者在未足额支付加班费的情况下让劳动者签字确认加班费已经付清的事实。劳动者往往会在之后提起劳动争议仲裁与诉讼。本案中，人民法院最终依法支持劳动者关于加班费的诉讼请求，既维护了劳动者的合法权益，也对用人单位日后诚信协商、依法保护劳动者劳动报酬权起到了良好的引导作用，有助于构建和谐稳定的劳动关系。劳动者在签署相关协议时，亦应熟悉相关条款的含义，审慎签订协议，通过合法途径维护自身权益。

案例 10. 加班费的仲裁时效应当如何认定

基本案情

张某于 2016 年 7 月入职某建筑公司从事施工管理工作，2019 年 2 月离职。工作期间，张某按照公司安排加班，但某建筑公司未支付其加班费。2019 年 12 月，张某向劳动人事争议仲裁委员会申请仲裁，请求裁决某建筑公司依法支付其加班费，某建筑公司以张某的请求超过仲裁时效为由抗辩。张某不服仲裁裁决，诉至人民法院。

原告诉讼请求

请求判决某建筑公司支付加班费共计 46 293 元。

裁判结果

一审法院判决：某建筑公司向张某支付加班费共计 18 120 元。张某与某建筑公司均未提起上诉，一审判决已生效。

案例分析

本案争议焦点是张某关于加班费的请求是否超过仲裁时效。

《中华人民共和国劳动争议调解仲裁法》第二十七条规定："劳动争议申请仲裁的时效期间为一年。仲裁时效期间从当事人知道或者应当知道其权利被侵害之日起计算。……劳动关系存续期间因拖欠劳动报酬发生争议的，劳动者申请仲裁不受本条第一款规定的仲裁时效期间的限制；但是，劳动关系终止的，应当自劳动关系终止之日起一年内提出。"《中华人民共和国劳动法》第四十四条规定："有下列情形之一的，用人单位应当按照下列标准支付高于劳动者正常工作时间工资的工资报酬……"。《关于工资总额组成的规定》（国家统计局令第 1 号）第四条规定："工资总额由下列六个部分组成：……（五）加班加点工资"。仲裁时效分为普通仲裁时效和特别仲裁时效两种，在劳动关系存续期间因企业拖欠劳动报酬发生劳动争议的，应当适用特别仲裁时效，即劳动关系存续期间的拖欠劳动报酬仲裁时效不受"知道或者应当知道权利被侵害之日起一年"的限制，但是劳动关系终止的，应当自劳动关系终止之日起一年内提出。加班费属于劳动报酬，相关争议处理中应当适用特别仲裁时效。

本案中，某建筑公司主张张某加班费的请求已经超过了一年的仲裁时效，不应予以支持。人民法院认为，张某与某建筑公司的劳动合同于 2019 年 2 月解除，其支付加班费的请求应自劳动合同解除之日起一年内提出，张某于 2019 年 12 月提出仲裁申请，其请求并未超过仲裁时效。根据劳动保障监察机构在执法中调取的"工资表"上的考勤记录，人民法院认定张某存在加班的事实，判决某建筑公司向张某支付加班费。

典型意义

时效是指权利人不行使权利的事实状态持续经过法定期间，其权利即发生效力减损的制度。作为权利行使尤其是救济权行使期间的一种，时效既与当事人的实体权利密切相关，又与当事人通过相应的程序救济其权益密不可分。获取劳动报酬权是劳动权益中最基本、最重要的权益，考虑到劳动者在劳动关系存续期间的弱势地位，法律对于拖欠劳动报酬争议设置了特别仲裁时效，对于有效保护劳动者权益具有重要意义。

➲ 总结与思考：以法律法规为准绳，重视并妥善处理加班问题

根据上述十个典型案例，并结合本章的相关内容，用六个字来概括便是：实质大于形式。对加班实质的认定大于加班形式的认定，这类似于劳动关系与劳动合同之间的关联，我们总结为四个主要观点和方向。

（1）工作时间的界定标准

结合本章提到的相关内容，劳动者在工作时间以外从事的本职工作就可能被认定为加班。因此，工作时间的定义与界定就变得很有必要。企业一般会设定员工的考勤时间，并将考勤时间理解为工作时间。那么，这样的理解方式到底对不对呢？

认定工伤的三个衡量依据中，其中之一就是工作时间，其中不仅包括常规的考勤时间，还包括工作准备和收尾的时间，甚至是上下班路上的时间。但是，在计算“延长工作时间”的时候，将上述时间也计入工作时间显然是不合理的。因为每个人在工作准备和收尾时需要的时间并不相同，除非企业将某个时间段规定为工作准备或工作收尾的时间，并且明确规定

必须完成工作准备才能上班、工作收尾才能下班，此时工作准备和收尾的时间才能合理计入“工作时间”。

这一点可以参考休息时间。如果企业将 12 点到 13 点定为午休时间，尽管每个人吃饭、休息花费的时间并不相同，但由于企业统一了时间段，员工即使在没有公司明确指示的情况下于 12 点 30 分就开始工作，也无法计入“工作时间”。反之，如果公司规定 9 点开始上班，但 8 点 30 分必须到公司进行相关的工作准备，那么就要从 8 点 30 分开始计算工作时间。

也许企业管理者和 HR 从业者会问，工作时间是不是指“有效工作时间”？有些工作虽然也存在考勤时间，但基于工作性质员工并非时刻都需要忙于工作，又或者因为员工主观原因，并没有在工作时间完成工作，无法形成“有效工作时间”。企业安排“加班”是为了使员工真正达到公司规定的“有效工作时间”。这样的话还算加班吗？

就像我们刚才提到的，如果因为工作性质而导致的考勤时间无法等同于“有效工作时间”，那么其中的责任在企业一方。由于企业无法对该工作进行正确的工作时间评估、无法使用正确的用工模式或者对业务组织架构的设计不合理等，所以企业只能通过“延长工作时间”来解决这个问题。如果是员工主观原因造成的，如个人突发状况、工作时间摸鱼等情形，那么就需要企业进行举证。

（2）约定并非一定能够生效

在上述案例中，有 4 起案例涉及公司与员工之间即便对加班问题有了约定，也并非万无一失：

① 案例 2 里公司与员工在协议中约定了放弃加班费；

② 案例 4 里公司与员工约定了明显低于正常加班费的包干加班费；

③ 案例 5 里公司没有和员工就加班问题协商一致，也没有事先进行约定；

④ 案例 9 里公司与员工签订的加班费结清的协议具有一定的胁迫性质。

在实务处理中，公司和员工之间的约定有很重要的作用，但不是双方能够约定所有内容，也不是所有内容只要约定了就有效。比较常见的是当双方约定的内容明显违反现有劳动法律的时候，约定往往是无效的。因此，即使双方有约定，约定的内容也不能越过劳动法律的红线，否则就是无效的。

（3）加班的规章制度无法越过红线

在上述案例中，有 3 起案例涉及即便公司的员工手册中已经对加班问题有了规定，也并非毫无漏洞：

① 案例 1 里公司的规章制度中的严重加班超时文化；

② 案例 3 里公司的规章制度中明确了加班必须经过公司审批才认可；

③ 案例 8 里公司的规章制度自行设定了加班时间起算点。

在效力认定的过程中，劳动法律＞双方约定＞单方规定。因此，规章制度、员工手册等文件的效力并不高，会受到用人双方关于各类文本协议的约定。同时，规章制度生效的条件中也明确了不要违反法律法规的红线，必须是不低于劳动法律的标准，或者是劳动法律及双方约定的补充。

（4）加班费证明的举证责任分配

这个问题在任何加班费的劳动争议中都会存在，且十分重要。尽管原则上我们经常听到“谁主张谁举证”的说法，但是要求员工出具加班的具体证明在某些情况下是有难度的。例如，当企业执行加班审批制度的时候，“加班审批单”往往不会一式两份，甚至企业不会盖章，而是直接留存作为计算“工资表”中加班费的依据。

企业在手握“加班审批单”的同时，还拥有员工的考勤记录，这些通常只留存在企业内部。因此在加班争议中，员工申请加班费的时候，出具的大多不是带有公司签章的纸质文件，更多的是聊天记录、邮件、工作日志等资料，从效力认定上来说，肯定不如上述纸质文件强。这也是要求企业留存两年这类文本记录的原因。

如果企业没有留存，就无法证明员工的具体加班情形，裁决也就倾向于有其他证据的员工了。从最后一个案例中我们可以看出，在员工还在劳动仲裁时效内的时候，企业完整保留员工的档案有多么重要。

除了典型案例外，相关部门也正在尝试通过别的办法处理和解决加班问题。2022 年 3 月 15 日，北京率先在全市组织开展工时和休息休假权益维护集中排查整治，聚焦重点行业企业，集中排查整治超时加班问题，依法保障职工工时和休息休假权益。随即，山东、安徽、河南、广西、青海、湖南、湖北等地也相继开展集中排查，整治超时加班问题。

CHAPTER 5

第五章

假期管理与工时、工资的关联

领导：马上要到国庆节了，咱们公司的业务可不能停，小陈你看看怎么给在职员工排班？

小陈：好的领导，但是有些人要排除在外，如小王。

领导：小王的产假马上就到期了嘛，刚好赶上国庆节假期的尾巴。

小陈：上海规定，产假遇到法定节假日需要顺延，所以小王要到国庆节后才能上班了。

第一节　双休日与公休日

每家企业的工作时间不同，或“做五休二”，或“做一休一”，或“做四休三”，或“做六休一”，统一将休息日称为“公休日”，既然“公休日”不等于双休日，那么判断公休日是否符合法律规定，就需要先确定工时制度。例如，企业在执行标准工时制时，员工每周至少休息 1 天，也就是企业每周至少有 1 个及以上的公休日。

公休日不仅会影响到计算工时与工资，还会影响到计算法定节假日的工时与工资。因为 HR 从业者安排法定节假日时参考的休息和调休标准是双休日。我们以 2020 年的国庆节为例，因为 2020 年的国庆节比较特殊，和中秋节在同一个时间段，我们以周末双休和单休两种情形来分析不同的差别，如表 5-1 和表 5-2 所示。

表 5-1　双休的企业国庆节加班费支付情况

	10 月 1 日	10 月 2 日	10 月 3 日	10 月 4 日	10 月 5 日	10 月 6 日	10 月 7 日	10 月 8 日
标准工时	300%	300%	300%	300%	200%	200%	200%	200%
不定时工时	300%（部分除外）	300%（部分除外）	300%（部分除外）	300%（部分除外）	无加班费	无加班费	无加班费	无加班费
综合工时	300%	300%	300%	300%	无 /150%	无 /150%	无 /150%	无 /150%

表 5-2　单休的企业国庆节加班核定情况

	9月27日（周日）	10月1日（周四）	10月2日（周五）	10月3日（周六）	10月4日（周日）	10月5日（周一）	10月6日（周二）	10月7日（周三）	10月8日（周四）	10月10日（周六）
周一	上班	法定	法定	法定	法定	公休	上班	上班	上班	上班
周二	上班	法定	法定	法定	法定	上班	公休	上班	上班	上班
周三	上班	法定	法定	法定	法定	上班	上班	公休	上班	上班
周四	上班	法定	法定	法定	法定	公休	上班	上班	公休	上班
周五	上班	法定	法定	法定	法定	公休	上班	上班	上班	上班
周六	上班	法定	法定	法定	法定	公休	上班	上班	上班	公休
周日	公休	法定	法定	法定	法定	公休	上班	上班	上班	上班

单休的企业根据法定节假日、公休日及工作日的不同按照不同的加班时长和加班比例计算加班费。由此可见，非周末双休如果涉及法定节假日加班，HR 从业者就需要仔细计算和安排。例如，员工在 2020 年 10 月 1 日至 10 月 4 日上班，企业应按照 300% 的标准支付加班费；公休日遇法定节假日则顺延休假等。

那么 10 月 9 日呢？ 10 月 9 日为周五，只有当公司的公休日在周五的时候，员工才会休息，如果员工在当天加班，企业则需要按照 200% 的标准支付加班费或安排调休；如果公司的公休日不在周五，那么当天就是正常工作日。

第二节　法定节假日、法定假期与特殊休假日

在人力资源管理实务中，节假期的分类比较复杂。法定节假日一般是指有明确法律规定的节假日，如春节、元旦、国庆、中秋、端午，以及部分公民的休假日如妇女节、儿童节、青年节、建军节等。

法定假期与节日无关，而是法律规定的一种假期形式，常见的如年休假、婚假、产假、育儿假、病假等。特殊休假日只在特定的情形下才会出现，这种特定情形不同于法定节假日和法定假期，本身无法预测。最近的一次特殊休假日还要追溯到2020年初，基于新冠肺炎疫情的防疫安排，国务院发布的延长休假。

法定节假日和特殊休假日的加班费与调休规则并不相同，如表5-3所示。

表5-3　法定节假日和特殊休假日的加班费与调休规则

	定义	出勤认定	工资支付	加班工资	补休调休
法定节假日	春节、五一、国庆、端午等11天	视为正常	按正常出勤支付	300%	不可
公休日	公司常规的休息日	不计入出勤	不计薪	200%	可

（续表）

	定义	出勤认定	工资支付	加班工资	补休调休
休息日	HR从业者眼中的休息日就是公休日 员工眼中的休息日主要是双休日（国家机关、事业单位）				
部分公民节假日	妇女节、儿童节、青年节、建军节	视为正常	按正常出勤支付	/	不可
全体公民休假日（特殊休假日）	通常因临时的特殊情形而诞生，天数不定	视为正常	按正常出勤支付	200%	可

第三节　企业常见假期的计时和计薪方式

企业常见假期的种类如图 5-1 所示。

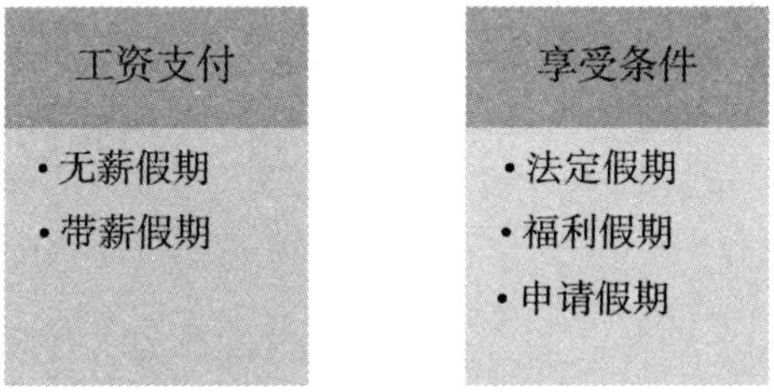

图 5-1　企业常见假期的种类

1. 工资支付

从工资支付的角度，企业常见假期可分为两大类，一类是无薪假期，其特点是如果员工没有正常上班，企业就不需要支付正常工资，如事假等；另一类是带薪假期，其特点是即便员工没有正常上班，企业也需要支付工资，但是支付比例视不同的假期而定，如年休假、病假、产假等。

2. 享受条件

从享受条件的角度，企业常见假期可分为三大类，第一类是法定假期，其特点是只要符合一定的法律条件，员工就可以享受该假期，并获得相应的工资，如停工留薪期、年休假等；第二类是福利假期，是指法律规定中并没有明确的假期，如超出常规年休假天数的福利年休假、民营企业的探亲假等；第三类是需要由员工申请、经过企业同意后才能享受的假期，如事假、没有医疗机构证明的病假、婚假等。

表 5-4 是企业日常管理工作中常见的一些假期在工时与工资方面的规定，各地在执行过程中可能会略有差异，关键是 HR 从业者需要搞清楚假期的定义、出勤认定、工资支付、加班工资、补休调休、遇休息日和法定节假日是否顺延等问题。

表 5-4　常见假期在工时与工资方面的规定

	假期定义	出勤认定	工资支付	加班工资	补休调休	遇休息日是否顺延	遇法定节假日是否顺延
全体公民休假日	通常因临时的特殊情形而诞生，天数不定	视为正常	按正常出勤支付	200%、150%	可以	/	/
年假	法定年假 + 企业福利年假	视为正常	按正常出勤支付	/	/	顺延	顺延
事假	无薪事假 + 带薪事假	不视为出勤	按企业规定	/	/	顺延	顺延
病假	非工伤需要医疗	不视为出勤	病假工资	/	/	不顺延（上海除外）	不顺延（上海除外）
探亲假	父母与配偶分居两地	视为正常	按正常出勤支付	/	/	不顺延	不顺延
婚丧假	结婚或直系亲属去世	视为正常	按正常出勤支付	/	/	看规定	看规定（上海除外）
（陪）产假	男职工 / 女职工	视为正常	按正常出勤支付	/	/	不顺延	不顺延（上海除外）

➲ 实例分析：2020 年国庆节与中秋节是同一天，为什么加班费不是 6 倍工资

每到春节、国庆节，一些员工就会盘算着如果加班能够获得多少加班费，因为员工在法定节假日加班，企业需要额外支付 300% 的加班费。尤其是 2020 年的国庆节与中秋节在同一天，有员工通过计算得出结论：国庆节加班 8 天的收入约等于平时上班 20 天的工资。事实果真如此吗？

如表 5-1 所示，如果把 8 天的加班费相加，确实相当于员工正常工作 20 天的加班收入，甚至还会更多。但是，加班时长有一个 36 小时的限制，也就是说，企业严格按照相关劳动法律执行，员工在国庆节和中秋节只能加班 36 小时，并且在 10 月之内就不能再加班了。同时，如果企业执行的是标准工时制，就需要每周安排员工至少休息 1 天。因此，如果员工计算的超高加班费真的发生了，企业面临的恐怕不仅是支付加班费或安排调休这么简单了，也许会引发民事和行政责任，也就是我们常说的赔偿和罚款。

按照 36 小时计算的话，员工在国庆节期间只能加班 4 天或 5 天，也就是国庆节假期的加班费最多相当于员工正常工作 13 天的工资。

关于加班费的计算公式，尽管人力资源和社会保障部发布了相关通知，企业只需按 300% 支付员工的加班费，但在相关通知没有出台之前，关于这个问题的争议还是很大的。

支持 300% 加班费的原因主要有两个：第一个是因为目前没有任何法律规定支持 600% 的加班费；第二个是因为虽然国庆节和中秋节“重合”了，但实际上劳动者只是加班了一天，劳动者加班一天在现有法律规定下

加班费最多就是 300%。

不仅是法律规定的支持，法定节假日还影响了企业对工时与工资的计算。本书第一章就提到了，20.83 和 21.75 的计算都是基于 11 天法定节假日诞生的。如果因为国庆节和中秋节“重合”，变成 600% 的加班费而少了 1 天法定节假日的话，就回到了 20.92 天工作日，而 20.92 天工作日已经不再使用了。

因此，当法定节假日出现“重合”时，固定 11 天的法定节假日一旦发生变化，将直接影响 21.75 和 20.83 的计算与使用，因此不会直接“重叠”。不过具体顺延到哪一天，可能会略有不同，如 2020 年和 2009 年的时候，关于中秋节的顺延时间就不一致。

➲ 总结与思考：当假日和假期出现“重合”时，企业在用工管理方面需注意哪些问题

假期“重合”的处理方式非常考验 HR 从业者的专业能力，因为假期作为和员工密切关联的事项，一旦处理不当轻则导致员工离职，重则直接引起仲裁诉讼。

无论是法定假期与公休日“重合”，还是法定假期与法定节日“重合”，甚至是法定假期之间出现“重合”。关键都是此处的“重合”究竟是“重叠”还是“顺延”？只要搞清楚这个问题，所有问题就能迎刃而解。

以女职工的“三期”为例，其中就存在着很多法定的假期，如图 5-2 所示。

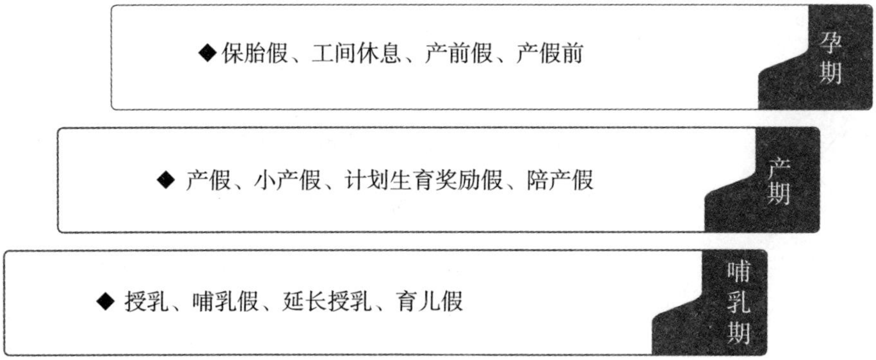

图 5-2　女职工“三期”的法定假期

仔细观察图 5-2 后不难发现，每一期之间，甚至同一期之间的法定假期都可能出现重合，具体分析如下。

（1）每一期之间的重合。哺乳期中的授乳时间是指婴儿 1 周岁以内，而产假的时间是指婴儿出生后的 98+*N*（*N* 为各地的计划生育假）天，这中间就会存在一个“重合”的时间区域。我们都知道，应该是先产假后授乳时间，而产假占用的授乳时间的天数并不会再延续。因此，这两个法定假期是“重叠”的。重叠就意味着女职工只能享受两种法定假期相关联的出勤认定和工资计算中的一个，无法同时享受，且另一种法定假期不会再额外增加。

（2）同一期之间的重合。保胎假是指女职工在孕期因为妊娠反应比较大或自身身体不适等，经过医生诊断类似于病假的假期，也就是说保胎假的范围仅限于孕期；产前假则是部分地区考虑到女职工可能在孕后期有较大的反应而设置的假期，同样只限于孕期。如上海地区同时提供了这两个假期，上海的产前假有 2.5 个月，如果女职工在这 2.5 个月里又请了保胎假，考虑到保胎假和产前假的工资支付标准甚至出勤认定是完全不同的，因此女职工不可能同时享受，只能二选一。

那么，有没有“顺延”的情形呢？也有。如同一期之间的国家法定产假 98 天和各地的计划生育假 *N* 天；再如产假和育儿假等。在这些情况下，两种法定假期无法“重叠”在同一天，并且在满足法定情形的情况下是必须要享受的，于是 HR 从业者都会进行“顺延”。如上海 98+60 的产假与 5 天的育儿假单独计算，女职工无法在享受产假的同时一起休育儿假。

有些 HR 从业者会觉得很复杂，希望在实务操作中能有一些比较通用的公式和基本逻辑。简单地说，法定节假日之间是顺延，并不会重叠，遇到其他情形不变。除了法定节假日之外，其他的“重合”都各有规定，常见情形如下。

（1）年休假遇公休日、法定节假日顺延。因为年休假的特点就是带薪休假。

（2）法定婚假、产假等遇公休日重叠。因为法定婚假、产假是按照自然日计算的，因此包含公休日。

（3）部分地方计划生育假、陪产假等遇法定节假日顺延。

综上所述，各类假期与公休日之间的“重合”在实际操作中需要分开处理，并没有通用的公式和基本逻辑。因此，各位 HR 从业者需要梳理企业经常涉及的一些法定假期，然后分别对照与公休日及法定节假日“重合”时的相关法律规定。

CHAPTER 6

第六章

薪酬架构与工资科目

应聘者：你好，请问这个岗位的薪资架构是怎样的？

小陈：薪资包括工资+绩效+提成+补贴+福利+奖金+期权+激励金。工资包括基本工资+岗位工资+学历工资+工龄工资……

应聘者：听起来好复杂，能不能告诉我每个月收入有多少？

小陈：保底5 000元，上不封顶。

应聘者：这些收入分得真细啊！

第一节　常规工资表的科目构成及计算方式

常规的工资表都是由哪些具体科目构成的，这些科目分别有着什么样的计算方式呢？具体如图 6-1 所示。

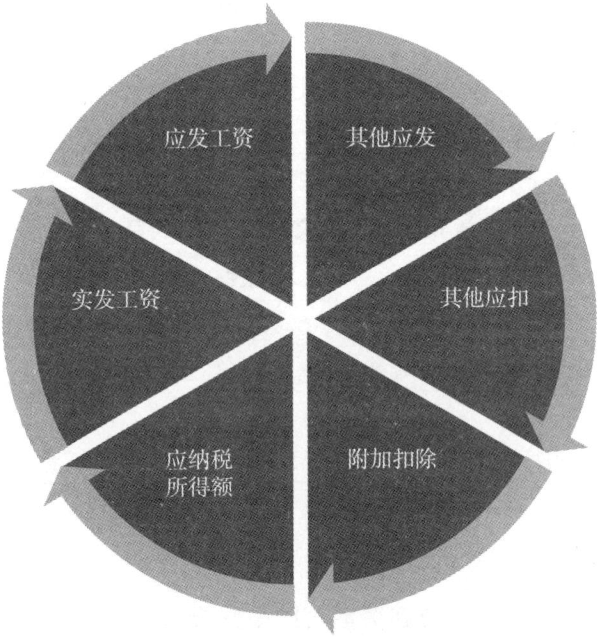

图 6-1　常规工资表的具体构成

如图 6-1 所示，六个部分构成了常见的工资表，这六个部分在实务中又对应哪些内容呢？具体如图 6-2 所示。

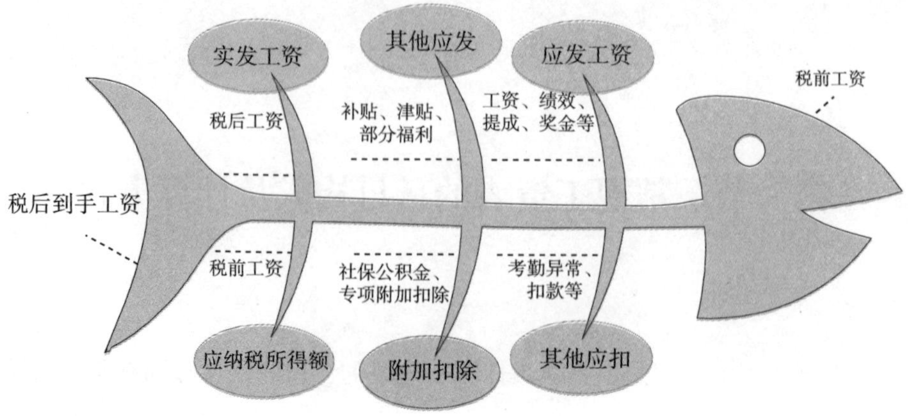

图 6-2 常规工资表中的具体内容

1. 应发工资

应发工资是大多数工资表中优先出现的部分。常见的科目包括工资、绩效、提成和奖金等，如表 6-1 所示。

表 6-1 应发工资的常见细分科目

	常见细分科目
工资	基本工资、岗位工资、学历工资、工龄工资、加班工资等
绩效	绩效奖金、绩效激励等
提成	项目提成、延时提成等
奖金	全勤奖、季度奖、年终奖、特殊贡献奖、长期收益奖等

2. 其他应发

其他应发是指劳资双方在劳动合同中并没有明确体现、法律中没有明文规定或一些并不常见的应发科目，如表 6-2 所示。

表 6-2　其他应发的常见细分科目

	常见细分科目
补贴	交通补贴、通信补贴、午餐补贴、住房补贴、高温津贴等
福利	生活困难补助、住院伙食费等
其他	股权分红、年休假应休未休折算费用等

3. 其他应扣

其他应扣是指在工资计算过程中基于法律规定、双方约定或规章制度的需要进行扣款的科目。

其他应扣的常见细分科目包括事假、病假、旷工、迟到、早退、罚款、应还等。应扣不同于应发，在法律上有很多细节规定。例如，员工旷工 1 天企业只能按 1 天扣款，员工迟到 3 小时企业不能按迟到 1 天扣款，企业不能无故进行行政罚款，如果员工给企业造成经济损失的，扣款不能超过员工工资的 20% 且扣款后的员工工资不能低于最低工资标准等。

4. 附加扣除

附加扣除分为一般附加扣除和专项附加扣除。整体的附加扣除一般是在应发工资、其他应发和其他应扣之后的，因为其中需要包含社保公积金的相关计算。附加扣除的常见细分科目如表 6-3 所示。

表 6-3　附加扣除的常见细分科目

	常见细分科目
一般附加扣除	养老保险、医疗保险、生育保险、失业保险、工伤保险、住房公积金等
专项附加扣除	子女教育、继续教育、大病医疗、住房贷款 / 租金、赡养老人、婴幼儿照护

专项附加扣除一般是在附加扣除之后、应纳税所得额之前，因为专项

附加扣除涉及个人所得税的计算。2019 年我国最新的《中华人民共和国个人所得税法》(以下简称新《个税法》) 施行后，共有六项专项附加扣除的科目（如表 6-4 所示）。由于免征金额对符合条件的个人来说是全国统一的，因此相比一般附加扣除，专项附加扣除更加不容易出错。社保与公积金则需要根据企业所在地区进行填写，考虑到企业与劳动者建立劳动关系必须缴纳社保公积金，因此在工资表中社保公积金是必有项，而专项附加扣除则是选择项。

表 6-4　新《个税法》实施后工资表的变化

<table>
<tr><th rowspan="2">专项扣除</th><th colspan="2">标准</th><th rowspan="2" colspan="2">适用范围</th><th rowspan="2">扣除方式</th><th rowspan="2">扣除时间</th></tr>
<tr><th>每年</th><th>每月</th></tr>
<tr><td rowspan="4">子女教育</td><td rowspan="4">12 000</td><td rowspan="4">1 000</td><td>学前教育</td><td>年满 3 岁至小学入学前</td><td rowspan="4">父母每方 50%；约定一方 100%</td><td>每年或每月</td></tr>
<tr><td rowspan="3">学历教育</td><td>义务教育（小学和初中教育）</td><td>每年或每月</td></tr>
<tr><td>高中阶段教育（普通高中、中等职业教育）</td><td>每年或每月</td></tr>
<tr><td>高等教育（大学专科、大学本科、硕士研究生、博士研究生教育）</td><td>每年或每月</td></tr>
<tr><td rowspan="2">继续教育</td><td>4 800</td><td>400</td><td>学历教育</td><td></td><td>父母或本人择一</td><td>每年或每月</td></tr>
<tr><td>3 600</td><td></td><td>继续教育</td><td>技能人员 / 专业技术人员职业资格继续教育</td><td>本人</td><td>每年（取得证书当年）</td></tr>
<tr><td>大病医疗</td><td colspan="2">大于 15 000 且小于 60 000 部分</td><td colspan="2">在医保系统有记录的（自付和自费）</td><td>本人</td><td>每年（汇算清缴）</td></tr>
</table>

（续表）

专项扣除	标准		适用范围		扣除方式	扣除时间
	每年	每月				
住房贷款利息	12 000	1 000	本人或配偶首套住房贷款利息（商业贷款）		夫妻择一	每年或每月
住房租金	14 400	1 200	大	直辖市、省会城市、计划单列市以及国务院确定的其他城市	同城，夫妻择一；不同城，分别扣除	每年或每月
	12 000	1 000	中	市辖区户籍人口超过 100 万的		每年或每月
	9 600	800	小	市辖区户籍人口不超过 100 万（含）的		每年或每月
赡养老人	24 000	2 000	独生子女	60 岁（含）以上父母以及祖辈	本人	每年或每月
	24 000/12 000	2 000/1 000	非独生子女	60 岁（含）以上父母以及祖辈	平均、指定、约定	每年或每月

值得注意的是，2021 年国家开始实施“三孩生育政策”后，个税专项附加扣除覆盖 0 ~ 3 岁幼儿家庭托育费的呼声越发高涨，在 2022 年 3 月 28 日，3 岁以下婴幼儿照护个人所得税专项附加扣除终于被明确。由于在时间段及相关规定上略微区别于其他专项附加扣除，此处进行单独说明。

（1）扣除标准：1 000 元 / 孩 / 月。

（2）适用范围：有 3 岁以下婴幼儿子女的父母，此处只强调父母的身份，而不是夫妻。

（3）扣除方式：可选择一方按 100% 扣除或者双方各扣除 50%，1 个纳税年度内不能变更。

（4）扣除时间：按月。由于这项专项附加扣除的特殊性，因此只能按月来计算，尤其是小孩出生当年月和3岁满当年月的时候，很大情况下不会是整年，因此按月扣除最为合理。从婴幼儿出生的当月至满3周岁的前一个月，如2022年7月出生的婴幼儿，一直到2025年6月，婴幼儿的父母都可以享受这项专项附加扣除。

（5）其他参考《个人所得税专项附加扣除暂行办法》的有关规定执行。

这个规定中对专项附加扣除最重要的内容就是关于“父母”和“子女”的相关说明——“本办法所称父母，是指生父母、继父母、养父母。本办法所称子女，是指婚生子女、非婚生子女、继子女、养子女。父母之外的其他人担任未成年人的监护人的，比照本办法规定执行。”

5. 应纳税所得额

应纳税所得额就是需要计算个人所得税的那个数字，一般位于附加扣除之后，是指将所有应得减去应扣之后得到的金额。新《个税法》施行之后，由于实行了累计预扣预缴制度，因此应纳税所得额除了要考虑应得和应扣之外，还要考虑当年前几个月的应得与应扣及缴纳情况。

关于个税的具体计算公式有两种。例如，小陈当月应纳税所得额为50 000元，处于1级和2级之间，那么小陈当月应缴纳的个税为：

算法1：50 000×10%－2 520=2 480（元）

算法2：36 000×3%+（50 000-36 000）×10%=2 480（元）

6. 实发工资

实发工资也叫税后工资，是应纳税所得额减去个人所得税后的金额。与之相对应的，就是应发工资（此处的应发工资是指扣除社保公积金前的数字，用来计算社保公积金的基数）或税前工资。其实，应发工资和税前工资的定义并不一致，税前工资可以泛指计算个人所得税之前的任何形式，如扣完社保公积金之后的工资可以叫税前工资，扣社保公积金之前的工资可以叫税前工资，甚至应发工资与其他应发工资之和也可以叫税前工资。

2019年新《个税法》的施行，除了诞生了6个专项附加扣除外，也对原来的个税扣缴方式进行了比较大的调整，变成了月度预扣预缴、年度汇算清缴的模式。在工资表中，这个模式带来的变化则是HR从业者需要每月进行累计的应纳税所得额的计算，因此工资表中需要加入当年前N个月的“工资累计”“免征额累计”及“已缴纳个税累计”，以此计算出当月需要缴纳的个税金额，最后得出当月的税后实发工资。

工资表有它的内在顺序和逻辑，判断顺序与逻辑是否正常的核心就在于应发工资（用于计算社保公积金的基数）、应纳税所得额及实发工资这三个科目上。

第二节　工资、补贴与奖金

工资表的细分科目纷繁复杂，劳动者最关注的就是自己的应得部分。在应得部分中，工资、奖金、补贴、福利是最常见的四类。考虑到福利的特殊性，福利又分为个人福利和集体福利，其更多的是企业提供给劳动者劳动报酬以外的收益，并且不在工资总额的范围内。因此，本节我们主要对工资、奖金和补贴进行解析，这三项的广义特点如表 6-5 所示。

表 6-5　工资、奖金和补贴的广义特点

	广义特点
工资	强法定、中约定、弱规定
补贴	中法定、中约定、中规定
奖金	弱法定、中约定、强规定

法定是指基于相关劳动法律规定；约定是指根据劳动合同或录取通知书等双方协商一致的约定；规定是指员工手册、规章制度等企业单方面制定的规则。三者的差异如表 6-6 所示。

表 6-6　法定、约定和规定的差异

	法定	约定	规定
解释说明	国家 + 地方 + 行业 + 特殊法律规定	企业与劳动者双方协商一致形成	企业单方制定的规则

（续表）

	法定	约定	规定
呈现形式	劳动合同法、地方条例、行业监督准则、公司法等	劳动合同、集体合同、补充协议、劳务协议等	员工手册、规章制度、企业管理制度等
制定要求	无具体限制	可以和法定一致或超过法定，不能低于法定	可以和法定一致或超过法定，不能低于法定
覆盖范围	以外界整体形式为主	以双方实际情况为主，是法定的补充	以企业实际情况为主，是法定和约定的补充
冲突效力	最大	居中	最小

由此可见，工资、奖金与补贴三者的差异较大，且比较复杂。尤其是工资与奖金的两极化非常明显，如图 6-3 所示。

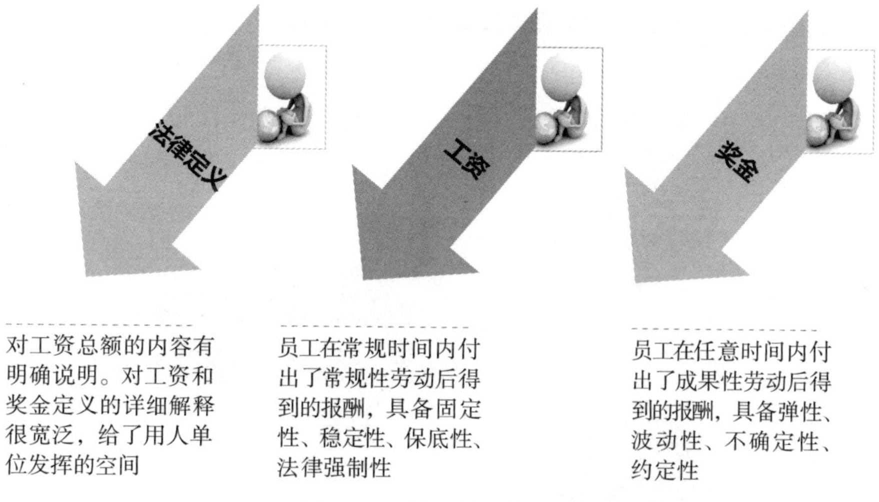

图 6-3　工资与奖金的区别

工资的强法定性在本书的其他章节已经进行了详细说明，无论是最低工资、平均工资、加班工资还是假期工资都有着非常明确的国家甚至地方的法律规定（如图 6-4 所示）。

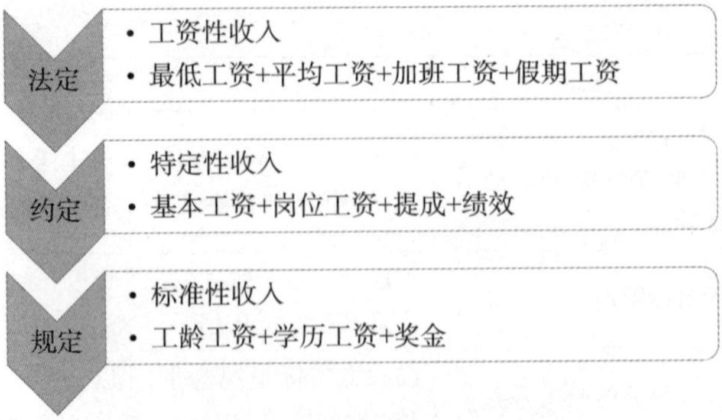

图 6-4　工资的法定、约定与规定

除此以外，其他不同的工资种类也有着各自不同的法律规定，如最常见的试用期工资和劳务派遣工资。

（1）试用期工资

试用期工资有图 6-5 所示的基本规定与兜底规定。

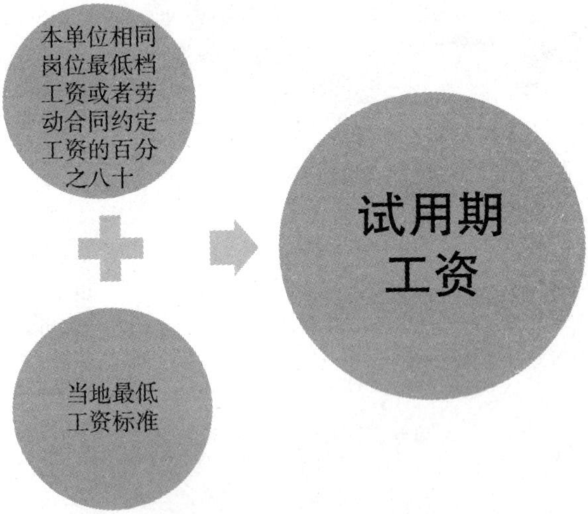

图 6-5　试用期工资的规定

例如，小王和企业约定转正工资为 5 000 元，在试用期内小王的工资既可大于或等于 4 000 元，也可以按照企业相同岗位最低工资的 80% 计算，这就牵涉到岗位职级、定岗定薪等问题了，相比直接约定 4 000 元的试用期工资更加复杂。

（2）劳务派遣工资

劳务派遣工资应该实现“同工同酬”。“同工同酬”是指派遣员工的工资和正式员工的报酬一样。

然而，同工同酬在现行法律中没有非常清晰的描述，如同工对应的是相同的工作岗位、相同的工作内容、相同的工作成果还是相同的工作量？同酬对应的是相同的工资收入、相同的整体报酬收入，还是相同的收入分配标准与方法？

尽管《劳动合同法》和《劳务派遣暂行规定》中明确指出，同工指的是相同的工作岗位，同酬指的是相同的收入分配标准与方法，但在实际操作中依然会出现正式员工的工资与劳务派遣员工的工资不同的现象。因为同工作岗位并不意味着同工作内容，同收入标准并不意味着同收入。

这里就涉及工资的约定性问题。因为有些工资是由市场化的发展来决定的，而有些工资问题的法律规定略带模糊，有一定的约定空间，因此在工资性收入上存在着很多需要企业与劳动者协商一致的地方。

如基本工资，在不违反最低工资标准的基础上，用人双方可以根据实际情况协商一致；如提成和绩效的达成方式、发放对象和发放金额等都可以自由发挥。

那么，为什么在工资设定中又需要企业规定呢？这是因为工资设定过程中既有标准化的内容，也有个性化的内容，个性化的内容更倾向于由用人双方协商一致来约定，而标准化的内容是一致的，企业直接单方规定即可。为了避免劳动者和公司无法达成一致，有些情形由企业经过民主程序，合法地单方规定了。以工资表中的科目为例，工龄工资和学历工资的计算标准与范围适用于公司所有员工。如员工在本公司工作 1 年，工龄工资增加 300 元。本科学历的学历工资为 500 元，硕士学历的学历工资为 1 000 元，博士学历的学历工资为 1 500 元；再如公司每年工资的普调比例等。

工资具有的强法定、中约定、弱规定的广义特点决定了企业管理者或 HR 从业者在处理工资问题时需要非常慎重。相比之下，弱法定、中约定、强规定的奖金则在一定程度上成为了企业能够自由设置的管理工具，我们以奖金中最常见的年终奖为例进行说明，如图 6-6 所示。

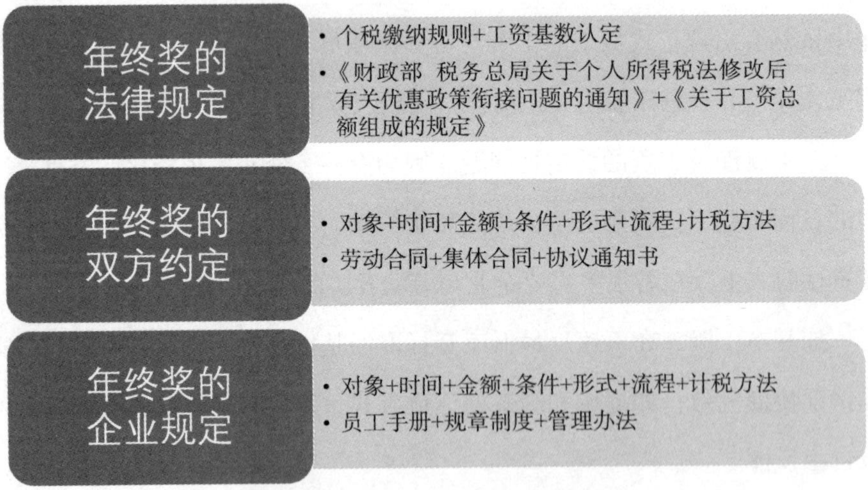

图 6-6　年终奖的法定、约定与规定

年终奖的法律规定只有两类，即如何纳税和如何认定。除此以外，几乎鲜有和年终奖有关的法律规定，取而代之的是来自于双方劳动合同的约定及规章制度的相关规定。常见的劳动争议如“主动离职是否有年终奖”，这需要参考双方是否有事先约定或者企业是否有事先规定（如图 6-7 所示）。因此，对于年终奖的问题，“约定 + 规定”的作用远大于法定。

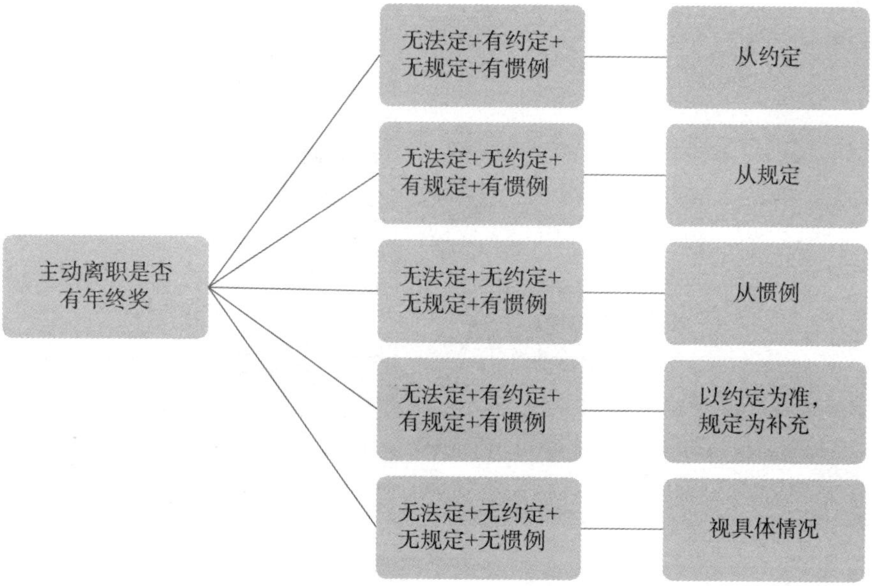

图 6-7　主动离职是否有年终奖

补贴作为“中法定、中约定、中规定”的科目，相对于工资而言“出镜率”并不高，相对于奖金而言数量并不大，在实务中受到的关注并不多。与补贴相对应的是津贴，补贴津贴也分为法定与非法定两种。常见的法定补贴津贴包括：

（1）高温津贴；

（2）中班、夜班津贴；

（3）特殊岗位津贴（职业病危害作业及井下作业等）。

餐饮补贴、通信补贴、住房补贴、交通补贴等都属于非法定补贴。各地对法定补贴都有明确的法律规定，而非法定补贴主要根据用人双方的约定或企业规定来执行。

以高温津贴为例，HR 从业者应当掌握并了解图 6-8 所示的内容。

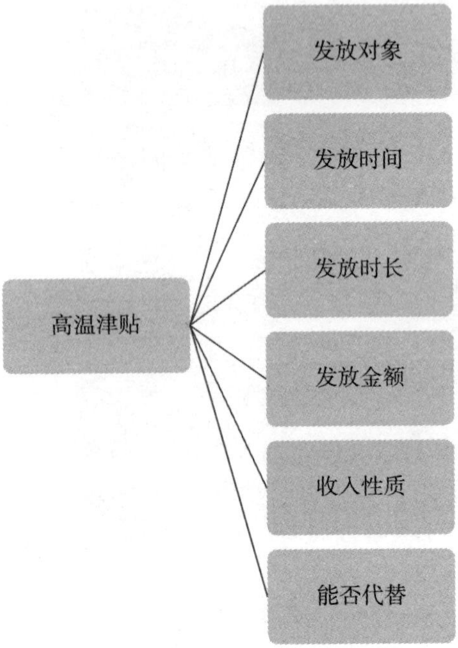

图 6-8　高温津贴的注意事项

第三节　年终奖、年底双薪与其他奖金

年底收入的种类有年终奖、年底 *N* 薪（常见的为年底双薪）或其他奖金等。需要注意的是，年终奖、年底双薪和其他奖金在实务处理中并不完全一致，因此 HR 从业者在发放录取通知书或与员工签订劳动合同时，要先仔细辨别，并思考清楚表 6-7 所示的关键点。

表 6-7　年底收入的不同种类及其异同

	年终奖	年底 *N* 薪（+*N* 薪）	其他奖金
计税方式	一次性优惠政策	按月工资纳税	只能使用一次优惠政策，其余并入薪金所得
获得条件	可约定出工出力获得	一般出工获得	可约定出工出力获得
发放时间	灵活设定发放时间	一般在当年年末至次年年初发放	在下一批奖金发放前
离职处理	可约定按出力情况发放，不可限定离职即不发放	一般按出工情况发放，不可限定离职即不发放	可约定按出力情况发放，不可限定离职即不发放
延期分期	一次性优惠政策失效	易视为欠薪	易视为欠薪

年终奖与年底双薪最大的差别在于，当企业没有对年底双薪的获得条件、发放时间和收入性质等做出明确的约定和规定时，年底双薪中第二个

月的收入会被定性为工资。一旦被定性为工资，计算标准就会按照既有的劳动法律标准执行，如员工与企业提前解除劳动关系时，企业可以根据员工在职时间对年底双薪进行折算发放。如果年底双薪并非出勤就发，企业应当参照年终奖为年底双薪制定明确的发放规则。

年终奖和其他奖金最大的差别在于，年终奖的特性和相关法律规定决定了企业一年只能发放一次年终奖，而其他奖金在一年之内的发放次数不会受到限制，因此HR从业者在计算个人所得税等方面会和年终奖不尽相同。

第四节　年终奖个人所得税缴纳的前世今生

与年终奖相关的问题大致可以分为两类，一类是年终奖的用工管理风险问题，如员工提前离职能否领取年终奖，另一类就是年终奖的个人所得税缴纳问题。本节将重点梳理年终奖的个人所得税缴纳问题。

年终奖的个人所得税缴纳可以分为四个不同的阶段，每个阶段对应的年终奖个人所得税的计算公式都不相同，具体如表 6-8 所示。

表 6-8　不同时间段年终奖的个人所得税计算方式

时间阶段	计算方式
2005 年以前	单独作为 1 个月工资，无扣除全额计税
2005 年 ~ 2018 年	工资＞个税扣除额，年终奖单独计税； 工资＜个税扣除额，年终奖与工资一起计税
2018 年 10 月 ~ 2023 年	年终奖单独计税或年终奖与工资一起计税，个人可以二选一

以 2005 年 ~ 2018 年 10 月为例，如小陈的税前年终奖为 140 000 元，那么小陈的个税计算方式为：

① 应纳税所得额 = 年终奖金额 =140 000（元）

② 平均每月 = 应纳税所得额 /12=11 666.67（元）

③ 平均每月 11 666.67 元，参照当时税率表，税率为 25%，速算扣除

数为 1 005 元

④ 应纳税额 =140 000 × 25% — 1 005=33 995（元）

⑤ 税后年终奖 =140 000 — 33 995=106 005（元）

通过表 6-9 我们可以发现，企业在发放年终奖的时候，除了要参考企业整体业绩经营情况、劳动者的工作表现之外，在个税的细节处理上，不能出现因为多为劳动者发放年终奖反而多缴纳个税，导致劳动者到手收入更少的情形，这样不仅无法鼓励劳动者，还会引发劳动者的消极情绪。

表 6-9　年终奖各个“盲区”临界点节税计算表

年终奖	除以 12 的商数	适用税率	速算扣除数	应纳税额	多发奖金数额	多缴税额
18 000 元	1 500	3%	0	540 元	0	0
18 001 元	1 500.08	10%	105	1 695.10 元	1 元	1 155.10 元
19 283.33 元	1 606.94	10%	105	1 823.33 元	1 283.33 元	1 283.33 元
54 000 元	4 500	10%	105	5 295 元	0	0
54 001 元	4 500.08	20%	555	10 245.20 元	1 元	4 950.20 元
60 187.50 元	5 015.63	20%	555	11 482.50 元	6 187.50 元	6 187.50 元
108 000 元	9 000	20%	555	21 045 元	0	0
108 001 元	9 000.08	25%	1 005	25 995.25 元	1 元	4 950.25 元
114 600 元	9 550	25%	1 005	27 645 元	6 600 元	6 600 元
420 000 元	35 000	25%	1 005	103 995 元	0	0
420 001 元	35 000.08	30%	2 755	123 245.30 元	1 元	19 250.30 元
447 500 元	37 291.67	30%	2 755	131 495 元	27 500 元	27 500 元
660 000 元	55 000	30%	2 755	195 245 元	0	0
660 001 元	55 000.08	35%	5 505	225 495.35 元	1 元	30 250.35 元

（续表）

年终奖	除以 12 的商数	适用税率	速算扣除数	应纳税额	多发奖金数额	多缴税额
706 538.46 元	58 878.21	35%	5 505	241 783.46 元	46 538.46 元	46 538.46 元
960 000 元	80 000	35%	5 505	330 495 元	0	0
960 001 元	80 000.08	45%	13 505	418 495.45 元	1 元	88 000.45 元
1 120 000 元	93 333.33	45%	13 505	490 495 元	160 000 元	160 000 元

（注：本文和本表中关于年终奖纳税额的计算均以个人取得年终奖当月的工薪所得是高于或等于 3 500 元为前提）

那么，临界点是否依然存在呢？答案是肯定的，只不过单独计税临界点位上的数字会随着新规发生一定的变化（如表 6-10 所示）。

表 6-10　新《个税法》与年终奖规定下的筹划临界点速查表

年终奖	除以 12 的商数	适用税率	速算扣除数	应纳税额	多发奖金数额	增加税额	税后数额
36 000.00	3 000.00	3%	0	1 080.00			34 920.00
36 001.00	3 000.08	10%	210	3 390.10	1.00	2 310.10	32 610.90
38 566.67	3 213.89	10%	210	3 646.67	2 566.67	2 566.67	34 920.00
144 000.00	12 000.00	10%	210	14 190.00			129 810.00
144 001.00	12 000.08	20%	1 410	27 390.20	1.00	13 200.20	116 610.80
160 500.00	13 375.00	20%	1 410	30 690.00	16 500.00	16 500.00	129 810.00
300 000.00	25 000.00	20%	1 410	58 590.00			241 410.00
300 001.00	25 000.08	25%	2 660	72 340.25	1.00	13 750.25	227 660.75
318 333.33	26 527.78	25%	2 660	76 923.33	18 333.33	18 333.33	241 410.00
420 000.00	35 000.00	25%	2 660	102 340.00			317 660.00
420 001.00	35 000.08	30%	4 410	121 590.30	1.00	19 250.30	298 410.70
447 500.00	37 291.67	30%	4 410	129 840.00	27 500.00	27 500.00	317 660.00
660 000.00	55 000.00	30%	4 410	193 590.00			466 410.00

我们回到目前执行的年终奖个税缴纳政策。根据相关政策说明，有两种不同的年终奖个税的计算方式，劳动者可以根据自身情况二选一，举例如下。

Q：小明的月收入为 12 000 元（扣除社保等），每月可享受专项附加扣除 4 000 元，全年一次性奖金为 60 000 元。

A：1. 单独计算全年一次性奖金的年应纳税额

（收入 12 000 × 12 − 免征额 5 000 × 12 − 专项附加扣除 4 000 × 12）× 3% + 奖金 60 000 × 10% − 210=6 870（元）

2. 如果并入当年综合所得计算的年应纳税额

（收入 12 000 × 12 − 免征额 5 000 × 12 − 专项附加扣除 4 000 × 12 + 奖金 60 000）× 10% − 2 520=7 080（元）

Q：小华的月收入为 8 000 元（扣除社保等），每月可享受专项附加扣除 4 000 元，全年一次性奖金为 60 000 元。

A：1. 因为小华的月收入减去专项附加扣除为 4 000 元，已经低于免征额，如果单独计算全年一次性奖金的年应纳税额，即

0 + 奖金 60 000 × 10% − 210=5 790 元

2. 如果并入当年综合所得计算的年应纳税额，即

（收入 8 000 × 12 − 免征额 5 000 × 12 − 专项附加扣除 4 000 × 12 + 奖金 60 000）× 10% − 2 520=2 280（元）

Q：小陈的月收入为 6 000 元（扣除社保等），每月可享受专项附加扣除 1 000 元，全年一次性奖金为 30 000 元。

A：1. 小陈月收入减去专项附加扣除的金额，正好踩在免征额的线上。如果单独计算全年一次性奖金的年应纳税额，即

（收入 6 000 × 12 − 免征额 5 000 × 12 − 专项附加扣除 1 000 × 12）+ 奖金 30 000 × 3%=900（元）

2. 如果并入当年综合所得计算的年应纳税额，即

（收入 6 000 × 12 − 免征额 5 000 × 12 − 专项附加扣除 1 000 × 12+ 奖金 30 000）× 3%=900（元）

由此可见，两种不同的年终奖个税计算方式在大多数情况下结果是完全不同的，基本原则是原本收入较高的、超过免征额的，年终奖适合单独计税；原本收入较低的、达不到免征额的，年终奖适合并入综合所得计算。在实务操作中，尽管在每年 3 月个人所得税汇算清缴的时候，劳动者可以对年终奖的个税缴纳方式进行调整，但并非全部调整。因此，企业在为劳动者的年终奖进行个税预扣预缴的时候，建议企业不要"一刀切"，而是要尊重劳动者本人的选择，原因如下。

（1）从风险管控的角度，企业单方面选择了年终奖缴税方式，一旦员工多缴税并无法调整，就容易引起争议纠纷。企业应将选择权交给员工。

（2）从收入计算的角度，年终奖并入综合所得，而综合所得又包括工资薪金所得、劳务报酬所得、稿酬所得及特许权使用费所得。劳动者在公司内部往往只有工资薪金所得一项，基于个人隐私，公司也无法得知劳动者在公司以外的其他收入。即便劳动者愿意说出自己的额外收入情况，一旦劳动者在公司内部发生年度的调岗调薪，或者劳动者做出了跳槽等影响自身收入的行为，企业在计算年终奖个税的时候也会产生偏差，因为大多数企业的年终奖是在上半年发的，根本无法准确预测下半年的情况。

在将年终奖的计税选择权交给劳动者的时候，企业也会关注到特殊情

况。例如，某些行业的年终奖金额特别高，导致“年终奖累计边际税负率>综合所得最高税率”的情况。

如表 6-11 所示，当年终奖单独计税的金额超过 66 万元后，无论超出额是多少，超出部分所需要缴纳的税率都是大于 45% 的。换句话说，这个时候单独缴纳不如并入综合所得一起缴纳，因为综合所得的最高税率只有 45%。

表 6-11　年终奖计税一览表

年终奖金额	年终奖个税	年终奖累积增加	年终奖个税增加	年终奖累计边际税负率	增加部分计税金额
660 000	193 590				
710 000	241 340	50 000	47 750	95.5%	22 500
760 000	258 840	100 000	17 500	65.3%	45 000
810 000	276 340	150 000	17 500	55.2%	67 500
860 000	293 840	200 000	17 500	50.1%	90 000
910 000	311 340	250 000	17 500	47.1%	112 500
960 000	328 840	300 000	17 500	45.1%	135 000
1 010 000	439 340	350 000	110 500	70.2%	157 500

在这里还有一段小插曲。2018 年 12 月 24 日，当年终奖的个税缴纳优惠政策出台后，当时明确政策的到期时间为 2021 年底，而直到 2021 年 12 月 29 日，相关部门才宣布该项优惠政策延续到 2023 年底。那么，如果在 2023 年取消年终奖的个税优惠政策，对企业和劳动者会产生什么样的影响呢?

首先是年终奖发放时间带来的影响。大多数企业都是在次年发放当年的年终奖，存在一定的时间差，由于在一个自然年度里只能使用一次年终奖的个税优惠，换言之，一旦企业在 2023 年已发放过 2022 年的年终奖，并使用过个税优惠，假如2024年优惠政策取消了，那么在2024年发放2023年年终奖的时候就不能享受个税优惠了。

如果2024年后年终奖个税优惠政策真的取消了，年终奖的薪酬激励手段是否会发生调整呢？一旦年终奖并入综合所得之后，发年终奖和发工资就没有太大差别了。因此，从人力资源管理的角度来说，年终奖可以归为“保健因素”，而不是“激励因素”。因此，当具备“保健因素”的年终奖失去了它最大的优势之后，它的作用甚至不如季度奖或项目奖。

因此，笔者认为在取消优惠政策之后，年终奖的薪酬激励手段将逐渐被其他激励手段所取代，包括但不限于季度奖、项目奖，甚至是经济补偿金。

➲ 实例分析：新《个税法》下的税前工资与税后工资还能随便谈吗

HR从业者在和劳动者谈薪的时候经常会有两种说法，一种是税前工资，另一种是税后工资。单纯从提高入职率的角度来说，税后工资比税前工资更能吸引求职者。但是从实务操作上说，税前工资是指计算社保公积金前的应发工资，但是由于每月可能存在其他应发或其他应扣部分，并且社保公积金及个人所得税的法定变动，会导致即便劳动者每个月的税前工资一致，税后到手工资也是完全不同的。之所以约定月薪为税前工资，从根本上是为了方便企业计算。

2019年，新《个税法》推出了月度预扣预缴和年度汇算清缴，同时对综合所得等进行了超额累进制计算。通过工资表的变化我们发现，新《个税法》计算税后工资还需要考虑之前月份的相关数据。由此可见，同样是劳动者想约定税后到手收入为 10 000 元 / 月，在新《个税法》实施之前倒推税前收入，基本上每个月的数字范围还是可控的；而新《个税法》实施后再倒推税前收入就会发现，每个月税前工资的差距会逐渐拉大。

➲ 总结与思考：如何妥善处理降薪与延迟支付

降薪和延迟支付是工资层面易发生劳动争议的两个问题。

降薪属于调薪的一种，其本身可以分为法定调薪、约定调薪及规定调薪。

表 6-12 列举了常见情形下调薪的“能”与“不能”，可以发现，调薪是具备法律依据的，企业操作也是可以适用的，但为什么在实操过程中降薪会产生那么大的争议和分歧呢？主要原因有以下三个。

表 6-12　常见情形下调薪的“能”与“不能”

	调岗类型	调薪	相关依据	情形认定
1	医疗期满	能	《劳动合同法》40-1	法定
2	不胜任	能	《劳动合同法》40-2	法定
3	工伤	不能	《工伤保险条例》36-1	法定
4	孕期	不能	《女职工禁忌劳动范围的规定》+《女职工劳动保护规定》	法定
5	哺乳期	不能	《女职工禁忌劳动范围的规定》+《女职工劳动保护规定》	法定
6	职业禁忌	禁忌 + 职业病	《中华人民共和国职业病防治法》35+56	法定

（续表）

	调岗类型	调薪	相关依据	情形认定
7	转产、技术革新、经营调整	能	《劳动合同法》41-3	法定
8	脱密期	能	《劳动部关于企业职工流动若干问题的通知》	法定
9	事中协商一致	能	《劳动法合同法》35	法定
10	口头承诺 + 实际履行	能	《最高人民法院关于审理劳动争议案件适用法律若干问题的解释（四）》11	推定
11	工作、经营、生产需要	不能	无相关依据，符合三性	认定
12	临时性调整	不能	发生特殊状况、意外、事故、地震等	认定
13	合同约定	能	《劳动合同法》，符合三性	约定
14	规章制度规定	能	无相关依据，符合三性，如竞聘上岗	规定

（1）企业缺乏调薪依据，劳动者没有法定的可以直接调薪的情形，双方的劳动合同等没有约定可调薪的情况。同时，企业无法与劳动者协商一致，劳动者拒不同意调薪从而产生了争议。

（2）企业虽然具备调薪依据，但是调薪流程并不合法合规，如企业无法证明劳动者不能胜任岗位要求，这样强行的调岗调薪会导致劳动者发出抗议。

（3）企业的调薪实体要件和程序要件都合法合规，但是劳动者不认同或反悔了。发生此类情况时，由于企业的相关工作都已经做到位，故不会对企业造成相关风险。

从图 6-9 中可以看到，调薪依据中有一种依据叫作“推定”。简单来说，推定就是形成“事实调薪”了，与形成事实劳动关系类似。

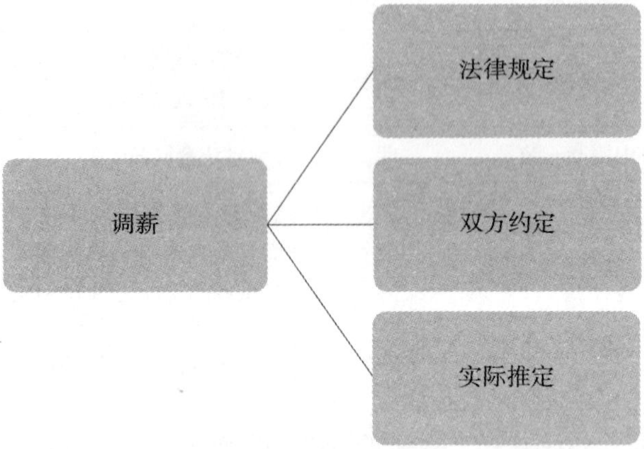

图 6-9　调薪的依据

我们知道，一般法定的效力>约定的效力>规定的效力，约定中又会区分劳动合同的约定与集体合同的约定。集体合同的约定效力应当是高于劳动合同的，因此企业在降薪的过程中如果能够通过工会形成集体合同来完成是最优选择。

如果企业没有工会，能否通过规章制度或其他方式来解决呢？人力资源和社会保障部曾经发文“鼓励企业通过协商民主程序与职工协商采取调整薪酬”，也就是说优先协商一致，当无法协商一致的时候，通过民主程序的方式协商调整，这里强调的是降薪的合理性。那么，怎样理解合理性呢？

小王降薪前的月薪为 20 000 元，降薪后变成月薪 2 000 元了，这显然是不合理的。出现这种情况的原因，要么是企业没有通过民主程序协商；

要么就是小王同意了，虽然小王能够同意并不合理，但也可以执行；要么是同一个岗位的劳动者，A 降薪了，但 B 没有降薪，这也是不合理的。

如果劳动者不接受降薪，企业该怎么办呢？在企业实体要件和程序要件都合法的情况下，劳动者需要接受降薪的安排，如果出现消极怠工甚至旷工的情形，企业就可以根据员工手册中的相关条款做出处罚，前提是企业的员工手册是有效的。

相比降薪，延迟支付所产生的问题及争议相对较小。延迟支付主要有两种情形，第一种是休息日及法定节假日顺延支付，第二种是资金困难推迟支付。前者的支付时间比较明确，后者则无法确定具体的发薪时间。

虽然休息日延迟支付在法律规定上并不合法，但企业并不会因此受到较大影响。

针对资金困难推迟支付的问题，企业需要明确告知劳动者推迟支付的理由及推迟的时长，如果没有相应的说明，企业推迟支付工资会被定性为存在主观恶意行为。推迟支付行为最好经过工会或民主程序来操作，这样能够更加具备公信力，推迟时长最好不要超过 1 个月。在疫情期间因为生产经营困难导致的推迟支付，人力资源和社会保障部也做出了明确规定——“对暂无工资支付能力的，要引导企业与工会或职工代表协商延期支付”。因此，只要企业不存在主观恶意，并且会在限定期限内支付工资，企业就不会承担相应风险。

CHAPTER 7

第七章

“四大金刚”管理中工时与工资的注意事项

小王：我们公司每次在办理劳动关系终止手续的时候，有的员工要求公司给 N，有的要求给 $N+1$，还有的要公司赔 $2N$，各种稀奇古怪的要求都有，处理起来好吃力。

小陈：你知道 N、$N+1$、$2N$、$2N+1$ 还有 $2(N+1)$ 有什么区别吗？

小王：我见过前三个，好像没见过后两个。

小陈：N 和 $N+1$ 的计算基础是一样的吗？

小王：我看相关规定上说好像是不一样的吧。

小陈：你知道有时候员工也要给公司钱的吗？

小王：我听说过，但似乎不按照上述这些公式计算。

违约金、代通知金、经济补偿金、经济赔偿金，这是企业在解除和终止劳动关系时常见的四项企业或个人支付科目。业内戏称为“四大金刚”。

第一节 违约金的法定情形与金额计算公式

按性质划分，违约金可以分为补偿性质违约金和惩罚性质违约金（如图 7-1 所示）。

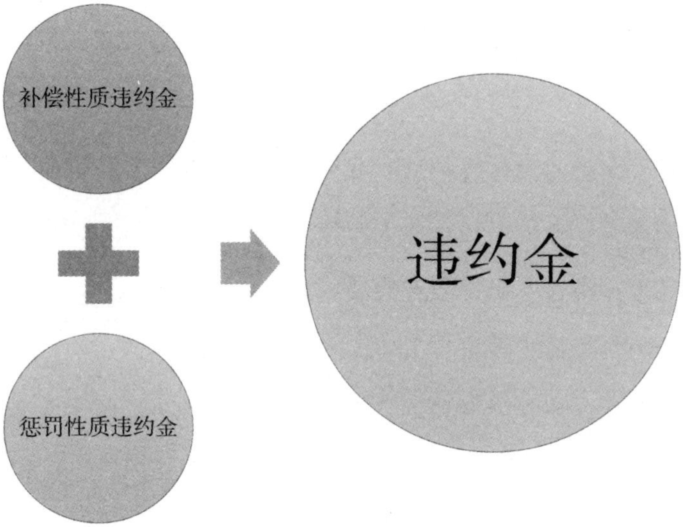

图 7-1 违约金按性质分类

（1）补偿性质违约金。这种违约金有明确的计算公式，很容易得出具体的违约金额。比较接近的是服务期违约金。

（2）惩罚性质违约金。与补偿性质违约金不同，这类违约金的计算公式没有那么客观，违约带来的损失难以用公式计算和评估，并且违约还会带来其他难以预料的损失，因此这种违约金的范围和标准就相对模糊。如竞业限制违约金，虽然有数字参考，但没有具体的计算公式。

按对象划分，违约金可以分为企业向员工支付的违约金和员工向企业支付的违约金。

（1）企业向员工支付违约金。这种情况属于双方自主约定。一般来说，企业不会设置向员工支付违约金的情况，但是近年来有两种情形需要注意：一种是企业对某些特殊群体的承诺，这种承诺所产生的违约金是有效力的；另一种是企业的 HR 从业者复制了其他企业的用工文本，并且未经严格审核，因而忽略了范本中有关违约金的情形，如“企业解除劳动合同需要提前 30 天通知员工，如果没有提前通知，企业需向员工支付违约金”等条款。

（2）员工向企业支付违约金。在劳动法律中有且仅有两种违约金，即服务期违约金和竞业限制违约金，由于是法定的违约金，因此需要支付的情形和金额计算都很明确，企业想要约定员工支付其他违约金的行为通常在仲裁或诉讼中都是败诉的。

本节将重点介绍服务期违约金和竞业限制违约金的法定生效情形与金额计算。

1. 服务期违约金

当劳资双方约定的服务期限还未满便出现了图 7-2 所示的情形时，可以视为劳动者需要支付违约金。

图 7-2　违约金的支付情形

（1）个人原因是指劳动者由于个人原因主动提出离职或终止劳动关系的情形，也就是主动辞职。

（2）协商一致是指劳动者提出并与企业协商一致解除、终止劳动关系的情形。

（3）违反制度是指劳动者因为严重违反用人单位的规章制度而遭到用人单位解雇的情形。

（4）重大损害是指劳动者严重失职或营私舞弊导致用人单位遭受重大损失而被解雇的情形。

（5）双重关系是指劳动者在外拥有双重或多重用工关系对本职工作造成了严重影响，或者经过本公司劝告无果而被公司解雇的情形。

（6）欺诈胁迫是指劳动者通过欺诈胁迫手段和公司确定劳动关系最终被公司解雇的情形。

综上不难发现，因为劳动者个人过错而引起的无法继续履行服务的，劳动者需要向公司支付违约金。如果是公司提出的，并已与劳动者协商一致解除的劳动合同，劳动者是可以不用支付违约金的。

那么，一旦劳动者符合需要支付违约金的情形，违约金该如何计算呢？

违约金＝培训档案记录的专项培训费用总额 ×（剩余的服务年限 / 规定服务年限）

既然有结束劳动关系需要支付违约金的情形，必然也有虽然结束了劳动关系但是劳动者不需要向公司支付违约金的情形，如图 7-3 所示。

图 7-3　无需支付违约金的情形

（1）协商一致是指企业提出，并与劳动者协商一致解除、终止劳动关系的情形。

（2）服务期到期是指双方约定的服务期期限已到，此时双方无论以何种形式结束劳动关系，都不存在支付违约金的情形。

（3）试用期是指试用期内结束劳动关系，劳动者无需支付违约金。

（4）续订原则是指续签劳动合同但企业没有合法合规操作，导致双方无法继续形成劳动关系的情形。

（5）《劳动合同法》第 38 条是指由于企业原因，导致劳动者被迫和企业解除劳动关系的情形，如未支付工资、未提供应有的劳动保护措施等。

由于企业原因导致双方结束劳动关系时，企业是无法要求劳动者支付违约金的。

考虑到服务期违约金的特殊情况，在实操过程中有以下四点注意事项，如图 7-4 所示。

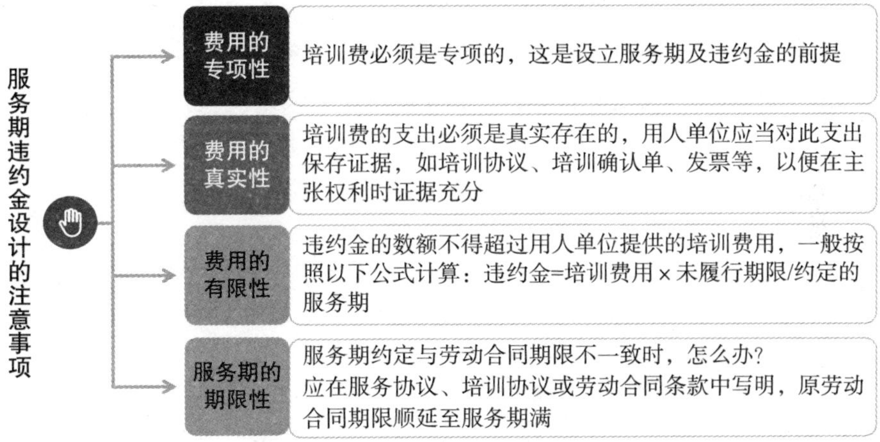

图 7-4　服务期违约金设计的注意事项

2. 竞业限制违约金

竞业限制违约金与服务期违约金完全不同。符合竞业限制违约金的情形就是劳动者离职后加入同行业企业或从事同岗位工作。竞业限制的违约金并不是单独出现的，经常会出现企业要求劳动者支付违约金和经济损失、违约金和竞业限制补偿金、违约金和继续履行竞业限制等多种组合。

不同于服务期违约金的计算方式，竞业限制违约金的计算方式甚至没有官方的相关规定。我们只能找到以下规律：

（1）违约金太低了，相关部门可以适当提高；

（2）违约金太高了，相关部门可以适当降低。

那么，到底怎么算太高、怎么算太低呢？

竞业限制违约金的设定标准可以参考竞业限制补偿金。例如，企业和小王约定履行 2 年的竞业限制，总计竞业限制补偿金为 10 万元，那么双方在约定竞业限制违约金的时候，既可以低于 10 万元，也可以高于 10 万元。常见的是高于 10 万元的情形，由于近年来关于天价违约金的案例较多，在界定是否过高的过程中，一般把竞业限制补偿金的 4 倍作为违约金的上限，也就是 40 万元以内的竞业限制违约金通常都能够获得支持。如图 7-5 所示。

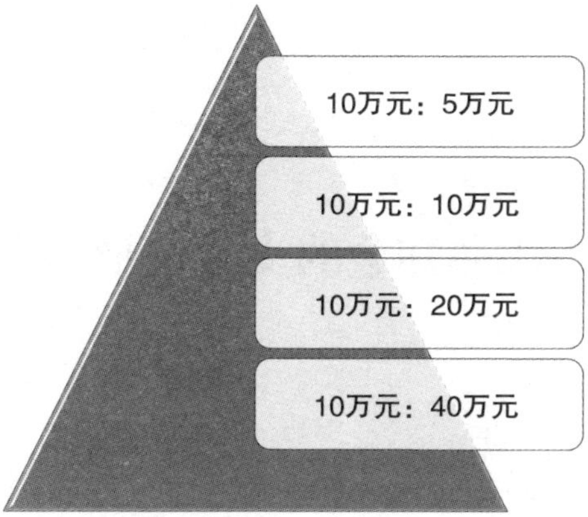

图 7-5 竞业限制补偿金：竞业限制违约金

作为劳动用工管理中最常见的情况，HR 从业者在实操过程中需要注意以下六大误区。

误区 1：除了服务期和竞业限制这两种情形外，用人单位与劳动者既不能约定由劳动者承担违约金，也不得约定由用人单位承担违约金。

误区 2：在违法解除劳动合同的时候，违约金与赔偿金不能同时适用。

误区 3：劳动者拒绝支付违约金时，用人单位可以拒绝辞职或扣留档案。

误区 4：用人单位提供专项培训后如果劳动者违约，劳动者需全额返还用人单位的全部培训费用。

误区 5：用人单位提供职业培训时也可以约定服务期和违约金。

误区 6：劳动者违反竞业限制约定并支付违约金后，不需要继续履行竞业限制义务。

第二节　代通知金的支付情形与基数计算

代通知金，也就是本章开头所说的“+1”，通俗来说，可以将“+1”理解为代替企业提前 30 天通知劳动者结束劳动关系而发的费用。在解除劳动关系的过程中，有些时候用人单位是需要提前 30 天通知劳动者的，但是往往由于某些原因导致企业无法提前 30 天通知劳动者，对此现有劳动法律中就出现了代通知金，因此代通知金和“提前 30 天通知”在原则上是二选一的逻辑。

代通知金的注意事项如图 7-6 所示。

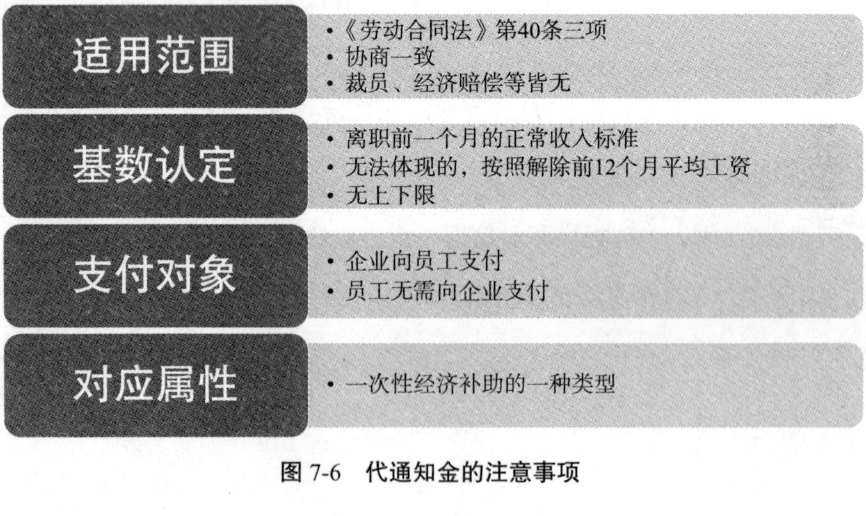

图 7-6　代通知金的注意事项

1. 适用范围

代通知金的法定适用范围非常有限（如图 7-7 所示），国家层面只有符合《劳动合同法》第 40 条的三种法定解除情形，在无法提前 30 天通知劳动者的情况下用人单位才需要支付代通知金；而地方层面也只有极少数情形，如北京在劳动合同到期前企业如果没有提前 30 天通知劳动者可能存在支付代通知金的风险，其余法定情形中则没有相关说明。

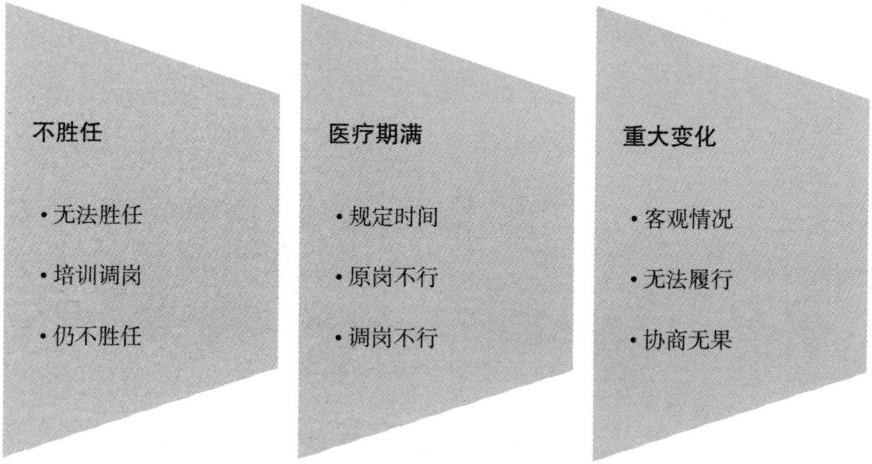

图 7-7 代通知金的法定适用范围

实操中除了法定的上述情形外，企业和劳动者有没有可能约定代通知金支付呢？从约定的合理性上来说似乎并没有问题，但是能否使用呢？我们从以下两个层面来看。

首先，约定代表双方协商一致。《劳动法》中已有明确规定，协商一致对企业来说有明确的法定支付标准 N，而不是 $N+1$。如果企业想支付 $N+1$，就属于超过法律标准之上的行为，在合规方面是没有问题的，无非就是企业的成本增加了。

其次，如果要求劳动者在没有提前30天提出辞职的情况下支付代通知金，至少目前缺少相关的规定，就像违约金一样，已超出法律规定。

除此以外，在常见的经济性裁员和违法解除、终止劳动关系等情形下是否会有代通知金呢？至少在法律法规层面是没有的；同样，如果企业考虑到其他问题，就可以协商约定“+1”。

2. 基数认定

代通知金的基数计算和其他金的计算方式不相同，实施条例的规定如图7-8所示。

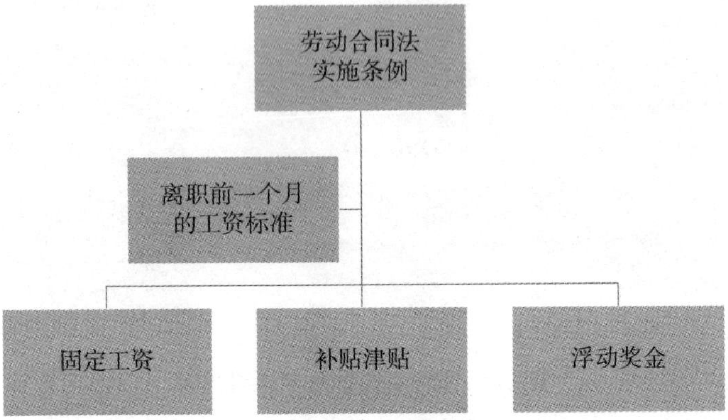

图7-8　代通知金的基数认定

例如，劳动者在4月1日离职，代通知金的计算基数则参考3月的工资标准。如果劳动者是3月31日离职的，那么代通知金是按照2月的工资标准还是3月的工资标准计算呢？从规定上来说应按照2月的工资标准，从实务操作上来说，劳动者在3月31日离职，由于大多数企业的计薪都是滞后的，也就是4月发放3月的工资，因此在尚未计算出具体工资的时候，按照3月的工资标准来判断代通知金也并不方便。

那么，怎样界定工资标准呢？通常会把固定工资、补贴津贴和奖金等都计入在内。但是，此处的工资标准又与工资总额稍有不同。因为工资标准要能够反映劳动者的正常收入水平。

例如，如果某劳动者的月薪为 8 000 元，在计算代通知金的时候，“+1”可以直接按照 8 000 元来计算；而实务中会出现以下情形：

（1）销售岗位实行“底薪 + 提成制”，导致其解除劳动关系的前一个月工资并不固定；

（2）劳动者由于请病假或其他情况长期缺勤，其解除劳动关系前一个月的工资较低；

（3）解除劳动关系前一个月发放了年终奖，导致其解除劳动关系前的一个月工资较高；

（4）劳动者长期加班，导致其解除劳动关系前一个月的工资与劳动合同不同。

诸如此类的情形还有很多。因此，如果劳动者在解除劳动关系前一个月的工资无法体现其实际收入，HR 从业者就有必要按照该劳动者解除劳动关系前 12 个月的平均工资来计算了。

值得注意的是，代通知金并没有上下限的相关规定，换言之，最低工资标准及社会职工平均工资三倍标准均不触及代通知金。也就是说，理论上代通知金既没有上限也没有下限，是多少就发多少。

3. 支付对象

上文提到，代通知金的本意是企业支付给劳动者的一笔费用，而劳动者无需向企业支付代通知金，双方也无法通过约定来实现。

4. 对应属性

企业发给员工的每一笔钱都具有其独特的属性，这种属性将直接影响到后续有关社保、个税等问题。代通知金在原则上属于一次性经济补助的范围。

第三节　经济补偿金的基数与时限认定

经济补偿金，也就是本章开头提到的“N”，是企业解除和终止劳动关系过程中最常用的一种支付科目。企业需要支付经济补偿金的情形较多，本书主要以工时与工资的支付内容为主进行介绍。

经济补偿金的适用范围比较广泛（如图 7-9 所示），因此对于经济补偿金的基数及年限认定就显得更加重要了（如图 7-10 所示）。

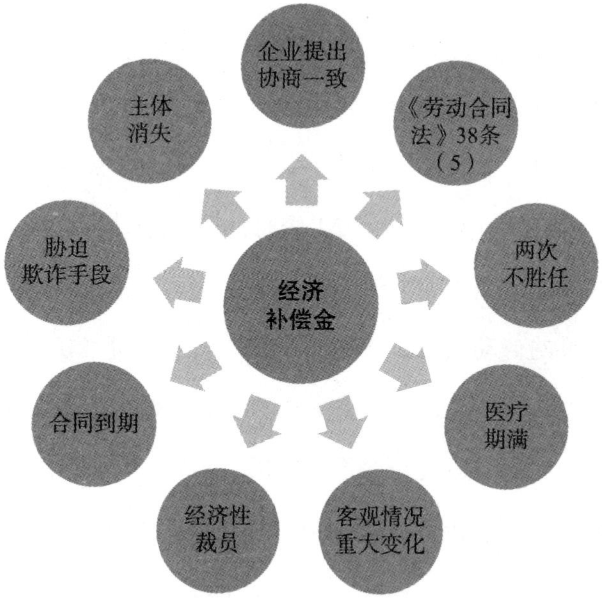

图 7-9　经济补偿金的法定适用范围

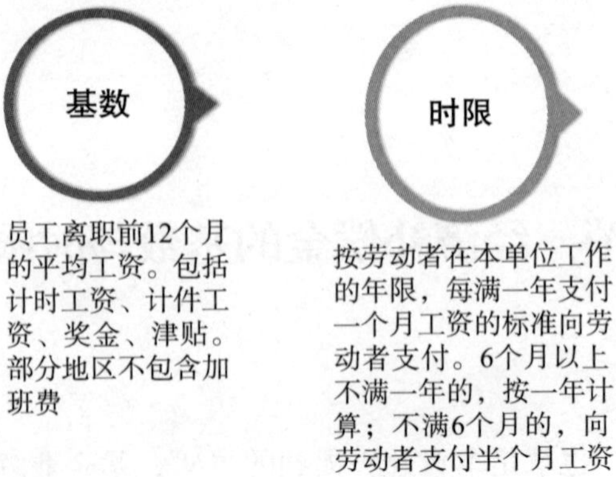

图 7-10　经济补偿金的基数及时限认定

关于经济补偿金的基数，比较常见的问题有是应发工资还是实发工资？经济补偿金基数参考的是应发工资而不是实发工资。再如劳动者的收入中有一些非劳动报酬性质的收入，如补差、双倍工资等，是否需要计入基数？答案是否定的。这也印证了前文提到的，企业发给员工的任何一笔钱都需要分清其性质，否则很容易引发争议。

经济补偿金的时限在法律规定中描述得虽然比较复杂，但实际操作起来并不复杂。例如，3 个月的劳动关系，可按 0.5 个月的时限来计算经济补偿金；8 个月的劳动关系，可按 1 个月的时限来计算经济补偿金。需要注意的是，如果刚好满 6 个月或者刚好满 1 年，是需要“入”的。也就是说，刚好 6 个月的劳动关系，是按 1 个月的时限计算经济补偿金的；而刚好 1 年的劳动关系，一般也是按 1 个月的时限计算经济补偿金的。

考虑到企业与劳动者签订劳动合同时，最常见的是按照年来计算合同期限的，因此当合同到期终止的时候，如果超过 1 天就会增加 0.5 个月时限的经济补偿金。例如，1 年 + 1 天 = 1.5 个月时限，2 年 + 5 个月 = 2.5 个月时限，3 年 + 6 个月 = 4 个月时限。

第四节　经济赔偿金的基数与时限认定

经济赔偿金，也就是本章开头提到的“2*N*”，和经济补偿金一样，两者都属于企业解除和终止劳动关系过程中常用的一种支付科目。

经济赔偿金的适用范围如图 7-11 所示。

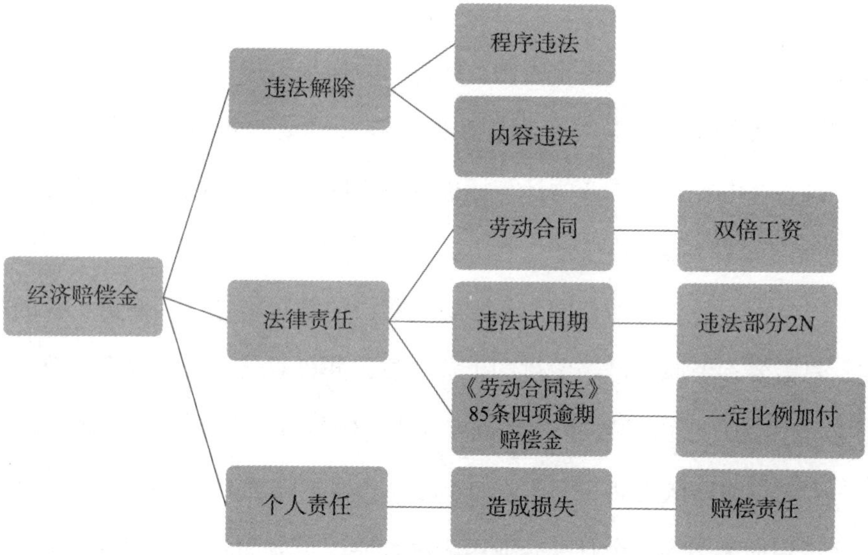

图 7-11　经济赔偿金的适用范围

除了违法解除与违法终止外，还有其他需要支付赔偿金或赔偿的情形，常见情形包括企业未签订劳动合同，企业违法使用试用期，企业违反

《劳动合同法》第 85 条之规定需要支付的逾期赔偿金，以及劳动者由于个人原因给企业造成损失的。

基于不同的经济赔偿金的适用情形，HR 从业者在计算基数和时限的时候就会有所不同，相比于经济补偿金来说更显复杂，如表 7-1 所示。

表 7-1　经济赔偿金的基数及时限认定

	基数	时限
违法解除	员工前 12 个月平均工资	经济补偿金时限 ×2
合同未签订	已经发放的月工资	入职第 2~12 个月
违法试用期	转正薪资	超过法定的月数 ×2
《劳动合同法》85 条四项逾期	50%~100%	无时间限制规定
个人造成损失	按照实际金额或物品折旧	无时间限制规定

（1）以违法解除与终止为例。此类最为简单，根据《劳动合同法》的规定，此类经济赔偿金可以直接按照经济补偿金的两倍来计算。也就是说，只要考虑经济补偿金的计算标准及封顶问题即可，用经济补偿金乘以 2，便是经济赔偿金的数额。

（2）以未签订劳动合同为例。此类赔偿的基数应考虑到双倍工资的规定，只需要参考原来已经发过的工资基数，并且双倍工资只存在于第 2 到第 12 个月的期限内，超过 12 个月就视为已经签订无固定期限劳动合同了。

（3）以违法试用期为例。假如小陈和公司签订了 1 年期限的劳动合同，那么试用期最多为 2 个月，企业因为种种原因单方面将试用期延长为 3 个月，于是超出的 1 个月就属于违法试用期，企业就需要承担 2*N* 风险，只不过这里的 *N* 是指超过法定试用期的期限。

（4）以未及时支付工资为例。在 2022 年北京市人社局公布的劳动保障报告中，对于拖欠工资的企业实行了按应付工资标准的 50% 向劳动者加付赔偿金的规定，并且没有对时限做出明确限制。

（5）以个人造成损失为例。如果劳动者因为提前离职、违反竞业协议、严重失职等行为给公司造成了严重损失，企业就可以按照能被证明的实际损失金额计算经济赔偿金，并且没有时限要求。

综观违约金、代通知金、经济补偿金及经济赔偿金的相关知识点，我们可以做出以下总结：

（1）N、$N+1$ 和 $2N$ 有明确的法定情形，$2N+1$ 及 $2（N+1）$ 则不存在法定情形，除非用人双方另有约定；

（2）结合《劳动合同法》及 2022 年出台的《关于劳动人事争议仲裁与诉讼衔接有关问题的意见（一）》中的相关规定，经济补偿金和经济赔偿金有各自对应的情形，切忌张冠李戴；

（3）经济补偿金和代通知金是可以共存的；经济补偿金和经济赔偿金无法共存；代通知金和经济赔偿金也无法共存。

实例分析：年终奖在经济补偿金中的计算技巧

在经济补偿金的基数计算中，需要特别注意加班费和年终奖。在有些地区，加班费可能不被计入经济补偿金的计算基数，而年终奖作为工资总额的组成部分，看似要完全计入经济补偿金的计算基数，但实则不然。

年终奖是为了奖励劳动者当年对公司做出的贡献而产生的奖金，这里的关键词是“当年做出的贡献”，一般是指自然年，也就是 1 月到 12 月这一个年度。但是，经济补偿金基数中的前 12 个月，未必正好就是从 1 月到12月。例如，某员工于2022年4月10日离职，那么涉及他的经济补偿金的前12个月就是2021年4月到2022年3月。

公司在发放年终奖的时候，是根据员工2021年1月到2021年12月的工作表现和业绩计算并发放的，因此在没有其他约定的情况下，年终奖是需要平均分配到这12个月的；而经济补偿金的基数中，只有2021年4月到2021年12月是涉及年终奖的。例如，某员工的年终奖是60 000元，并已于2022年3月发放，那么HR从业者在计算经济补偿金的时候，只需要计入60 000/12×9=45 000（元）即可。

因此，无论是在实务操作中，还是在司法实务中，如何拆分计算年终奖都是HR从业者必须要学会的技巧，以免为企业带来过高的经济补偿金成本。

➲ 总结与思考："双基数"封顶在2008年之前和2020年之后的实用指南

基数封顶是指在经济补偿金的计算过程中，对于可能产生的金额过大的一种限制。中小企业使用基数封顶的情况并不多，大多数是成立年限比较久的企业会出现这种情况。许多HR从业者都表示处理基数封顶的问题时感到非常棘手，因为能出现封顶情形的，要么是收入特别高的群体，要么是司龄特别久的群体。

基数封顶的复杂之处还在于计算经济补偿金或经济赔偿金时往往存在分段一说，即HR从业者需要区分2008年之前和2008年之后，甚至还有2020年之后，下面逐一进行说明。

前文已提到经济补偿金的计算公式是“基数 × 年限”，基数封顶恰恰与基数和年限都有关联，并且不同时期的关联性还不相同。我们先从 2008 年之前开始说明，因为 2008 年是《劳动合同法》实行的第一年。

2008 年之前只有“年限”的封顶，并没有“基数”的封顶，也就是说“基数”这个数字可以上不封顶，而“年限”封顶也只存在于以下两个情形中：

（1）经劳动合同当事人协商一致的；

（2）劳动者不能胜任工作，经过培训或调整工作岗位，仍不能胜任工作的。

鉴于这两种情况，企业在与劳动者解除劳动关系时，“年限”封顶为 12 个月。其他情形如医疗期满，就没有封顶了。

由此可见，如果企业解除劳动关系的理由是基于协商一致或不胜任，那么 HR 从业者在计算 2008 年之前的经济补偿金时，就需要考虑“年限”封顶的问题，但这仅限于 1996 年入职公司并且在 2008 年或之后才离职的劳动者。

2008 年《劳动合同法》实行后，便出现了大家耳熟能详的“双封顶”情形，也就是当经济补偿金的“基数”在计算过程中超过了当地上年度社会职工平均工资的 3 倍时，“年限”也就有了 12 个月的封顶。在 2020 年以前，如果“年限”不满 12 个月，只按照实际“年限”计算就行；到了 2020 年以后，由于可能会出现超过 12 个月的“年限”，所以“双封顶”也就正式生成了。

在“双封顶”生成的同时我们发现，2008 年之后只对“基数”进行了限制，而不再区分不同的解除情形。也就是说，2008 年之后无论哪种解除或终止情形，有没有封顶只取决于“基数”是否超过当地上年度的社会平均工资。

如果劳动者在企业工作了 12 年以上，并且横跨 2008 年前后两个时间段，HR 从业者就需要根据解除理由对两个不同的时间段分别计算经济补偿金。举例如下。

（1）小陈前 12 个月的平均工资为 50 000 元 / 月，他从 1992 年 1 月 1 日便入职 A 公司，直到 2022 年初公司与其协商一致解除劳动关系。那么小陈的经济补偿金的计算公式就是：

50 000 × 12（2008 **年前**）+ **当地社会平均工资** × 3 × 12（2008 **年后**）

（2）小陈前 12 个月的平均工资为 4 500 元 / 月，他从 1992 年 1 月 1 日便入职 A 公司，直到 2022 年初因医疗期满与公司解除劳动关系。那么小陈的经济补偿金的计算公式就是：

4 500 × 16（2008 **年前**）+4 500 × 14（2008 **年后**）

CHAPTER 8

第八章

不同薪酬种类该如何缴纳社会保险费和个税

小王：听说社保归税务征收了，还有各种三基合一、四基合一、五基合一，这些到底是什么逻辑？

小陈：简单地说就是工资与社保、个税等都需要匹配。

小王：以前咱们公司虽然没多缴社保，但是没少扣个税啊。现在要匹配，不就对不上了吗？

小陈：是啊，咱先研究一下收入性质，再决定怎么发钱吧。

第一节　工资项目的种类

工资总额主要包含以下六类，具体如表 8-1 所示。

（1）计时工资；

（2）计件工资；

（3）奖金；

（4）津贴和补贴；

（5）加班加点工资；

（6）特殊情况下支付的工资。

表 8-1　工资总额的具体项目

分类	包含项目
计时工资	法定范围： （1）对已做工作按计时工资标准支付的工资； （2）实行结构工资制的单位支付给职工的基础工资和职务（岗位）工资； （3）新参加工作职工的见习工资（学徒的生活费）； （4）运动员的体育津贴。 综合理解：只要正常出勤、正常工作就会支付的工资。看起来计时工资与出勤工资非常接近，但实际上，计时工资不等于出勤工资。因为除了出勤工资以外，岗位工资、见习工资与体育津贴等特殊的报酬费用也需要计入计时工资

（续表）

分类	包含项目
计件工资	法定范围： （1）实行超额累进计件、直接无限计件、限额计件、超定额计件等工资制，按劳动部门或主管部门批准的定额和计件单价支付给个人的工资； （2）按工作任务包干方法支付给个人的工资； （3）按营业额提成或利润提成办法支付给个人的工资。 综合理解：结合前文中关于计件工时与计件工资的说明，在工资总额的认定中也要将这部分包含进去；同时在第二项中，HR 从业者也可以参考绩效工资的逻辑；第三项正是许多企业常见的提成设计。也就是说，“计件工资”既包含其本身，也包含了绩效 + 提成
奖金	法定范围： （1）生产奖； （2）节约奖； （3）劳动竞赛奖； （4）机关、事业单位的奖励工资； （5）其他奖金。 综合理解：也许有人会问，奖金分类里没有年终奖的分类啊？年终奖是为了表彰员工在一年内的工作表现，而在工资总额的规定中，对奖金的说明则是“支付给职工的超额劳动报酬”，超额是对应计时和计件工资的金额，因此年终奖属于奖金的范围
津贴和补贴	法定范围： （1）津贴，包括补偿职工特殊或额外劳动消耗的津贴、保健性津贴、技术性津贴、年功性津贴及其他津贴； （2）物价补贴，包括为保证职工工资水平不受物价上涨或变动影响而支付的各种补贴。 综合理解：工资结构中固定的通信补贴、交通补贴、用餐补贴等属于此类范围（报销除外），同时高温津贴等特殊的法定津贴也属于该类型
加班加点工资	法定范围：加班加点工资是指企业按规定支付的加班工资和加点工资 综合理解：加点是指工作日常规工作时间以外的加点；加班是指公休日或法定节假日的加班。固定的加班费包干也属于此范围

（续表）

分类	包含项目
特殊情况下支付的工资	法定范围： （1）根据国家法律、法规和政策规定，由于生病、工伤、产假、计划生育假、婚丧假、事假、探亲假、定期休假、停工学习、执行国家或社会义务等原因按计时工资标准或计时工资标准的一定比例支付的工资； （2）附加工资、保留工资。 综合理解：现在企业中已经很少出现附加工资和保留工资了。对于第一条中列明的工资，HR 从业者可以参考各类假期工资的支付标准，也就是说，假期工资属于工资总额

以下这些项目不列入工资总额的范围：

（一）根据国务院发布的有关规定颁发的发明创造奖、自然科学奖、科学技术进步奖和技术改进奖，以及支付给运动员、教练员的奖金；

（二）有关劳动保险和职工福利方面的各项费用；

（三）有关离休、退休、退职人员待遇的各项支出；

（四）劳动保护的各项支出；

（五）稿费、讲课费及其他专门工作报酬；

（六）出差伙食补助费、误餐补助、调动工作的旅费和安家费；

（七）对自带工具、牲畜来企业工作职工所支付的工具、牲畜等的补偿费用；

（八）实行租赁经营单位的承租人的风险性补偿收入；

（九）对购买本企业股票和债券的职工所支付的股息（包括股金分红）和利息；

（十）劳动合同制职工解除劳动合同时由企业支付的医疗补助费、生活补助费等；

（十一）因录用临时工而在工资以外向提供劳动力单位支付的手续费或管理费；

（十二）支付给家庭工人的加工费和按加工订货办法支付给承包单位的发包费用；

（十三）支付给参加企业劳动的在校学生的补贴；

（十四）计划生育独生子女补贴。

第二节　与社会保险费相关的薪酬种类

根据现有的社会保险缴纳规则，新员工按照入职首月的工资进行缴纳，老员工则以上一年度月平均工资为基数。根据相关规定，凡是国家统计局有关文件中没有明确规定的不作为工资收入统计的项目，均应作为社会保险缴费基数。同时在《关于规范社会保险缴费基数有关问题的通知》的文件中，也明确了工资总额和社会保险缴费基数的关联性。社会保险缴费基数在工资表中处于“应发工资”的位置。由于规定内容比较明确清晰，因此我们直接摘取原文中的规定进行说明。

根据国家统计局的规定，下列项目不计入工资总额，在计算缴费基数时应予剔除。

（一）根据国务院发布的有关规定发放的创造发明奖、国家星火奖、自然科学奖、科学技术进步奖和技术改进奖以及支付给运动员在重大体育比赛中的重奖，债券利息以及职工个人技术投入后的税前收益分配。

（二）有关劳动保险和职工福利方面的费用。职工保险福利费用包括医疗卫生费、职工死亡丧葬费及抚恤费、职工生活困难补助、文体宣传费、集体福利事业设施费和集体福利事业补贴、探亲路费、计划生育补贴、冬季取暖补贴、防暑降温费、婴幼儿补贴（即托儿补助）、独生子女牛奶补贴、独生子女费、“六一”儿童节给职工的独生子女补贴、工作服洗补费、献血人员营养补助及其他保险福利费。

（三）劳动保护的各种支出。包括工作服、手套等劳动保护用品，解毒剂、清凉饮料，以及按照国务院1963年7月19日劳动部等七单位规定的范围对接触有毒物质、矽尘作业、放射线作业和潜水、沉箱作业、高温作业等五类工种所享受的由劳动保护费开支的保健食品待遇。

（四）有关离休、退休、退职人员待遇的各项支出。

（五）支付给外单位人员的稿费、讲课费及其他专门工作报酬。

（六）出差补助、误餐补助。指职工出差应购卧铺票实际改乘座席的减价提成归己部分；因实行住宿费包干，实际支出费用低于标准的差价归己部分。

（七）对自带工具、牲畜来企业工作的从业人员所支付的工具、牲畜等的补偿费用。

（八）实行租赁经营单位的承租人的风险性补偿收入。

（九）职工集资入股或购买企业债券后发给职工的股息分红。

（十）劳动合同制职工解除劳动合同时由企业支付的医疗补助费、生活补助费以及一次性支付给职工的经济补偿金。

（十一）劳务派遣单位收取用工单位支付的人员工资以外的手续费和管理费。

（十二）支付给家庭工人的加工费和按加工订货办法支付给承包单位的发包费用。

（十三）支付给参加企业劳动的在校学生的补贴。

（十四）调动工作的旅费和安家费中净结余的现金。

（十五）由单位缴纳的各项社会保险、住房公积金。

（十六）支付给从保安公司招用的人员的补贴。

（十七）按照国家政策为职工建立的企业年金和补充医疗保险，其中单位按政策规定比例缴纳部分。

仔细对照不难发现，前13条和上文工资总额组成认定的文件中的相关内容基本一致，因此，基于工资总额与社会保险费的缴费基数关系可以总结为：

（1）被认定为工资总额组成部分的工资项目，是一定要计算社会保险缴费基数的；

（2）不属于工资总额组成部分的工资项目，在发放的时候就不用考虑社会保险缴费基数的问题；

（3）工资总额不完全等于社会保险缴费基数，HR从业者在操作社保基数的时候，有一定的操作空间；

（4）在社会保险缴纳的历史中，以往一直存在双基数与单基数的差异，即公司和劳动者的社会保险缴费基数是否一致。《中华人民共和国社会保险法》规定公司是按照本单位职工工资总额的比例缴纳的，劳动者按照本人工资的比例缴纳。但是，各地在实际操作中存在一定的差异，如多地都有劳动者缴纳基数的上限（社会平均工资的300%）及下限（社会平均工资的60%、40%等）。

第三节　HR 从业者和财务工作者对工资科目的不同理解

企业中人力资源部门和财务部门对钱的管理与使用常有不同的意见，笔者认为最重要的原因有以下两个。

（1）HR 从业者和财务工作者参照的法律标准不同。例如，HR 从业者开展工作时主要参考相关劳动法律，而财务工作者常常参考各种税法。HR 从业者需要根据相关劳动法律计算社保基数，而财务工作者需要参考各种税法计算个税缴纳基数。前文曾提到，社会保险缴费基数在工资表中处于“应发工资”的位置，而个税缴纳基数则处于“应缴纳所得额”也就是税前工资的位置。因此，不同的参考标准必然会带来不同的意见和理解。

（2）HR 从业者和财务工作者对钱的关注重点不同。HR 从业者在谈薪酬的时候，更多的关注薪酬结构、薪酬设计、薪酬体系、薪酬策略等，也就是前端这个钱是怎么出来的？而财务工作者在谈薪酬的时候，更多的关注怎么发、怎么纳税、计算公式、税前扣除等，也就是后端这个钱是怎么处理的。其实，薪酬的中端还有工资项目、社保项目等，HR 从业者和财务工作者会因此产生一些争议。

第四节　与个税相关的薪酬种类

上一节提到了，HR 从业者在计算工资总额时会涉及计算社会保险缴费基数，而财务工作者在计算工资总额时主要涉及计算应纳税所得额，两者的目标和方向并不一致。因此，HR 从业者需要了解哪些是不计入社会保险缴费基数计算的，财务工作者需要了解哪些是可以免个税的。在这一过程中，HR 从业者和财务工作者因为各自参考的法律不同，会形成比较大的认知差异。

笔者结合企业实务操作中常见的需要支付给个人的费用情形，罗列了以下与免个税相关的薪酬收入种类。

（1）保险赔款（免）。

（2）按照国家规定统一发放的补贴、津贴，如政府特殊津贴、院士津贴、资深院士津贴，以及国务院规定免纳个人所得税的其他补贴、津贴（免）。

（3）国家规定发给干部、职工的安家费、退职费、退休工资、离休工资、离休生活补助费（免）。

（4）企业福利费是指从企业、事业单位、国家机关、社会团体提留的福利费或工会经费中支付给个人的生活补助费（免）。

（5）独生子女补贴、托儿补助费（免）。

（6）差旅费津贴（免）。

（7）个人因与用人单位解除劳动关系而取得的一次性补偿收入（3倍内免）。

（8）从破产企业取得的安置费收入（免）。

（9）股权激励所得（《关于股权激励有关个人所得税问题的通知》[国税函〔2009〕461号）]。

（10）社保公积金（免）。

（11）企业年金、职业年金、补充公积金、补充医疗保险[《财政部 人力资源和社会保障部 国家税务总局关于企业年金、职业年金个人所得税有关问题的通知》（财税〔2013〕103号）]。

（12）工伤保险待遇（免）。

（13）生育津贴（免）。

（14）延长离退休年龄的高级专家从所在单位取得的工资、补贴等（免）。

（15）临时性生活困难补助费（免）。

（16）误餐补助（免）。

（17）执行公务员工资制度未纳入基本工资总额的补贴、津贴差额和家属成员的副食品补贴（免）。

（18）军人的转业费、复员费（免）。

（19）残疾、孤老人员和烈属的工资薪金所得（减征）。

（20）个人因公务用车和通信制度改革而取得的公务用车、通信补贴收入（扣除公务费后计算）。

（21）低价出售本单位职工的住房［《财政部　国家税务总局关于单位低价向职工售房有关个人所得税问题的通知》（财税〔2007〕13号）］。

（22）个人捐赠（30%）。

（23）特殊党费（免）。

（24）国债和国家发行的金融债券利息（免）。

（25）因自然灾害遭受重大损失的（免）。

（26）在中国境内无住所的个人，在中国境内累计居住满183天连续不满六年的，经向主管税务机关备案，其来源于中国境外且由境外单位或者个人支付的所得（免）（新个税法实施条例4-5条）。

（27）远洋运输船员工资薪金所得（附加减除1 300元）。

（28）附加减除费用（减除1 300元）。

（29）对个人购买福利彩票、赈灾彩票、体育彩票、一次中奖收入（小于等于1万元暂免征收个人所得税，大于1万元全额征收个人所得税）。

第五节　黄金薪酬种类：低缴费 + 低缴税

2018 年，社保归税务征收的政策在全国逐步推行后，许多企业管理者意识到了社保和个税缴纳合规的重要性，同时考虑到社保成本在企业人力成本中占据较大比例，因此许多企业管理者开始思考如何在合法合规的情况下降本增效。

笔者曾提到“五基合一”的概念，也就是工资基数、社保基数、公积金基数、个税基数、流水基数的合一（如图 8-1 所示）。从实际操作的角度来说，由于社保和公积金都有明确的上下限规定且并不相同，而工资与个税都不存在上下限的规定，于是合法合规并不意味着基数是完全一模一样的，只要符合规定就行。

图 8-1　五基合一

例如，某员工的月薪是 10 000 元，企业要做到“五基合一”是没有问题的；如果某员工的月薪刚达到当地最低工资标准，社保和公积金的计算基数就无法一致。

对企业来说，在“五基合一”的基础上降低企业用工成本是比较稳妥的，本节从工资薪酬的不同科目对降低用工成本进行抽丝剥茧。

在人力资源管理的六大模块中，薪酬的全流程共包括六个环节，如图 8-2 所示。

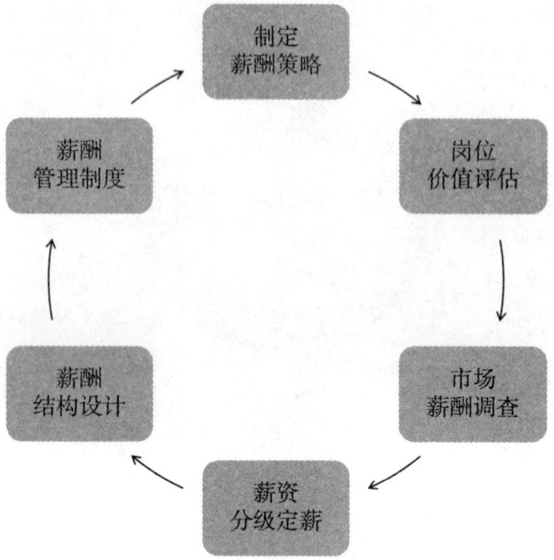

图 8-2　薪酬全流程

HR 从业者要想在“薪酬结构设计”环节做到降低企业用工成本，首先需要了解其内部组成，其中与社保归税务征收直接关联的便是社会保险成本及税的成本。

提到税的成本，我们经常联想到个人所得税和企业所得税，它们都与工资收入或工资总额有关联。由此可以明确社保和税的关键纽带是工资收入。只要能够合法合规地设计工资收入结构，就能在一定程度上形成“低缴费 + 低缴税”的逻辑，这样在降低了企业用工成本的同时，也提高了员工的收入，而且是完全合法合规的。

HR 从业者在设计薪酬结构的过程中，薪资架构可以参考图 8-3。读者只需要结合本书的相关内容就能分析出工资、绩效、福利等是否需要计入社会保险缴费基数及个人所得税缴费基数。

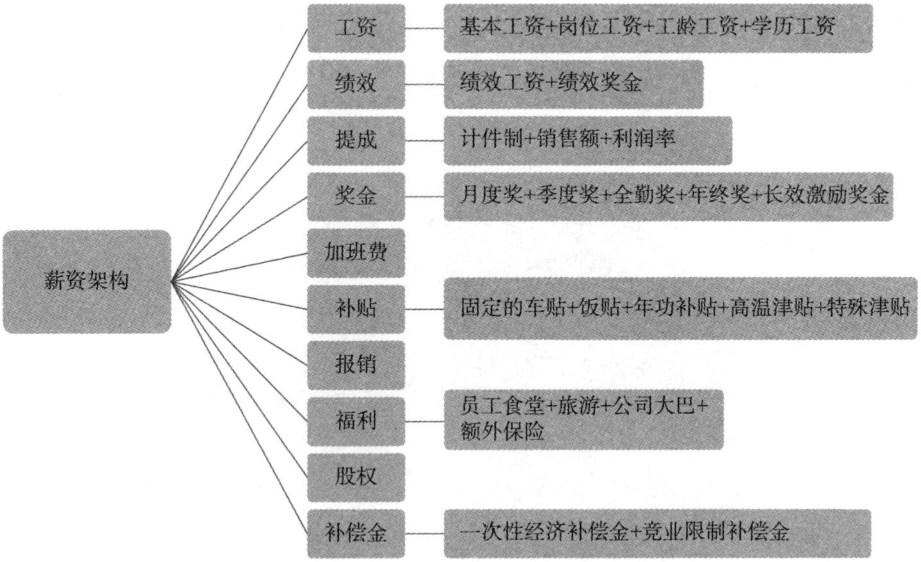

图 8-3　实操中的常见工资项目

以“工资”科目为例，无论企业在设计“工资”科目时有多复杂，基本工资、岗位工资、工龄工资、学历工资等都应计入“工资总额”的认定标准，因此都需计入社会保险缴费基数，也需计入个人所得税缴费基数。虽然这两者在计算基数的时候没有区别，但是在招聘过程中可以让应聘者感觉“这家企业的薪酬体系很健全完善”，同时为调岗调薪管理工作提供了必要的依据。

再如“年终奖”科目，年终奖是要计入社会保险缴费基数的，但个人所得税可以有其他的算法。同样，通过梳理上述工资科目，我们会发现在这些常见科目中，有些可以不计入社会保险缴费基数，有些可以不计入或减免计入个人所得税缴费基数。

企业在为劳动者支付下列黄金薪酬种类时，在一定程度上比单纯发放工资更加节省成本，同时更能增加劳动者的收入（如图 8-4 所示）。由此可见，在设计薪酬结构的时候，如果要考虑企业用工成本与个人税后收入，就不能只考虑工资、提成、绩效等常规科目，还要引入其他科目结构。

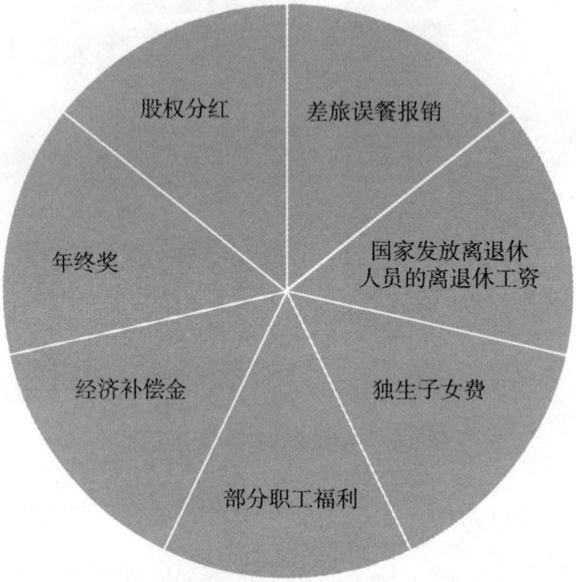

图 8-4　黄金薪酬种类：低缴费 + 低缴税

同时，企业集体福利经费、职工教育经费、工会经费、劳动保护经费、补充医疗经费等作为企业所得税税前扣除部分，HR 从业者也可以充分利用起来，只要运用得当就会让你受益匪浅。

实例分析：工资薪金、劳务所得与经营所得

继 2018 年社保归税务征收在全国推行后，2019 年新《个税法》及实施条例等规定也相继出台，新的个人所得税科目、新的个税计算方式、新的免征额等使 HR 从业者必须要重新认识员工收入。

在新的个人所得税法科目中，HR 从业者最需要了解的、与劳动者关系比较密切的科目有三类，即工资薪金所得、劳务报酬所得和个体经营所得。

工资薪金所得是指劳动关系下劳动者在企业收入的认定标准，具体的工资项目在前文已做过详细说明。

劳务报酬所得是指劳务关系下个人所获得的收入，劳务关系与劳务报酬所得之间的关系是异常紧密的。如果说收入被认定为工资薪金所得的前提是存在劳动关系，那么收入被认定为劳务报酬所得的前提是能够形成劳务关系。

个体经营所得是指个体或个体户与平等主体之间通过承揽、承包等方式独立经营所获得的收入。个体经营所得与工资薪金所得和劳务报酬所得差异较大。个体经营所得对标的通常是经济关系。

三类所得的常见规定和逻辑如表 8-2 所示。

表 8-2　三类所得的常见规定和逻辑

<table>
<tr><th colspan="2"></th><th>工资薪金所得</th><th>劳务报酬所得</th><th>个体经营所得</th></tr>
<tr><td rowspan="5">应纳税额计算</td><td>收入额</td><td>全额</td><td>80% 全额</td><td>全额</td></tr>
<tr><td rowspan="3">扣除项目</td><td colspan="2">免征额：5 000 元 / 月（工资薪金）、60 000 元 / 年</td><td rowspan="3">成本、损失与费用</td></tr>
<tr><td colspan="2">专项及其他扣除：参考第六章和第八章相关内容</td></tr>
<tr><td colspan="2">专项附加扣除：参考第六章七项</td></tr>
<tr><td>适用税率</td><td colspan="2">3% ～ 45% 超额累进税率</td><td>（1）5% ～ 35% 超额累进税率
（2）地方核定税率</td></tr>
</table>

（续表）

	工资薪金所得	劳务报酬所得	个体经营所得
扣缴义务人义务	（1）按月（工资薪金为主）/ 按次（劳务报酬为主）预扣预缴 （2）个税扣缴申报 （3）向纳税人提供扣缴信息		不适用
纳税人义务	年度汇算清缴		（1）每月 / 每季度预缴 （2）年度汇算清缴

关于三类所得对应关系上的区别，收入和用工关系之间本应属于既充分又必要条件，也就是相互对应的，然而在实务中更多的是必要非充分条件，也就是根据用工关系来处理收入的性质。

通过表 8-1 我们不难发现，在计算公式和品类上，工资薪金所得和劳务报酬所得虽然不同，但至少还属于同一种属性，而个体经营所得不仅不和工资薪金所得、劳务报酬所得在同一个项目内，在实务操作上也完全不同。

在真假用工关系的鉴定中，不仅有“假劳务真劳动”，还存在“假经营真劳务”。“假经营真劳务”的诞生与 HRO 行业的灵活用工服务有较大的关联。针对这一现象，国家税务总局曾经公开了 8765 号建议的答复。

三、关于明确灵活用工人员从平台获得的收入作为经营所得

根据《中华人民共和国个人所得税法》及有关规定，灵活用工人员从平台获取的收入可能包括劳务报酬所得和经营所得两大类。灵活用工人员在平台上从事设计、咨询、讲学、录音、录像、演出、表演、广告等劳务取得的收入，平台属于“劳务报酬所得”应税项目，由支付劳务报酬的单位或个人预扣预缴个人所得税，年度终了时并入综合所得，按年计税、多

退少补。灵活用工人员注册成立个体工商户或者虽未注册但在平台从事生产、经营性质活动的，其取得的收入属于“经营所得”应税项目，“经营所得”以每一纳税年度的收入总额减除成本费用以及损失后的余额为应纳税所得额，适用经营所得税率表，按年计税。

因此，灵活用工人员取得的收入是否作为经营所得计税，要根据纳税人在平台提供劳务或从事经营的经济实质判定，而不是简单地看个人劳动依托的展示平台，否则容易导致从事相同性质劳动的个人税负不同，不符合税收公平的原则。例如，从事教育培训工作的兼职教师在教室里给学生上课取得的收入按劳务报酬所得缴税，在直播间给学生上课取得的收入按经营所得缴税，两者属于同一性质的劳动，不宜区别对待。

简单来说就是劳务报酬所得与个体经营所得不能混同，不能做了同一件事而采取不同的收入认定标准。根据新《个税法》分析，之所以出现这个问题，有以下两个原因。

（1）所得认定范围存在重复区域，形成认定模糊

新《个税法》中明确描述了从事哪些行为获得的收入属于劳务报酬所得，哪些属于个体经营所得。以 8765 号建议的答复为例，培训授课应该属于劳务报酬所得范围中的“讲学”，无论是线上讲学还是线下讲学，虽然讲课的地点和使用的道具不同，但其本质都是“讲学”，因此按照新《个税法》的要求应当按照劳务报酬所得计算（如图 8-5 所示）。

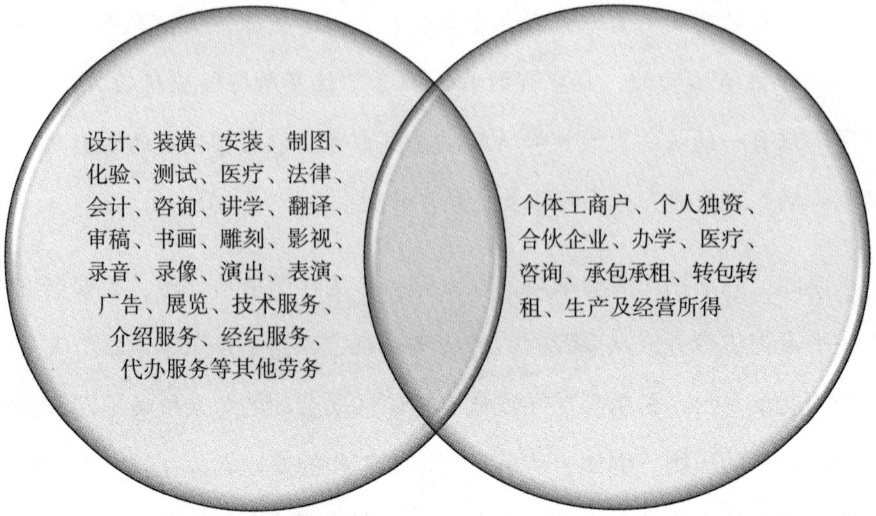

图 8-5　劳务报酬所得和个体经营所得对应的行为范围

之所以会出现教师讲课收入变成经营所得，主要是因为教师注册成为个体工商户后，经营主体发生了变化，由 C 变成了 B，在《企业灵活用工实操手册》一书中笔者也曾分析过：劳务关系一般是 B2C 和 C2C 两种形式，经济关系一般是 B2C 和 B2B 两种形式。结合新《个税法》的文件可以看到，无论是 C 端个体还是 B 端主体，他们都可以和另一个 B 端主体形成经济合作关系，如图 8-6 所示。

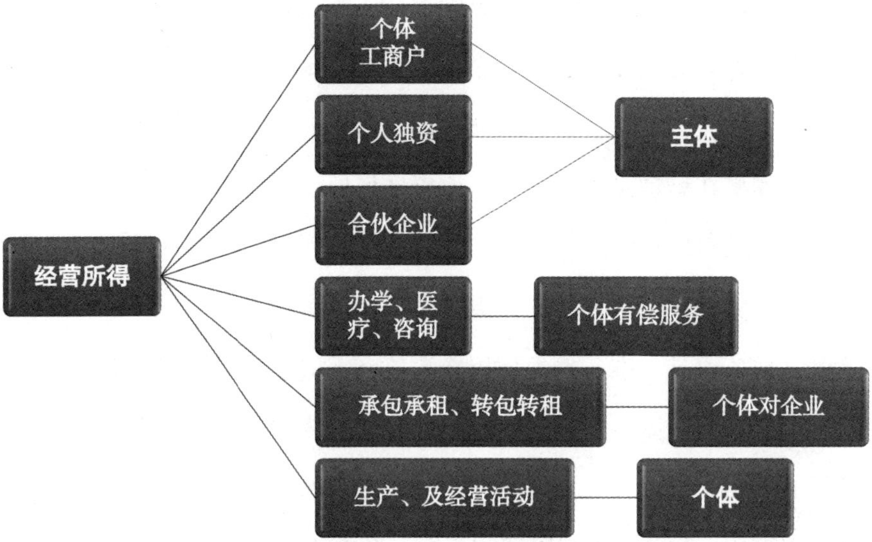

图 8-6　个体、个体户与主体关系

教师在平台注册个体工商户后接单，从主体上说属于 B2B 的形式，因此有人就认为双方属于承包承揽的经济关系，收入自然属于经营所得。但是，这种理解方式没有得到税务局的认可，税务局的认定方式很简单：实质大于形式，“讲学”的实质是逃脱不了劳务报酬所得的认定的。既然无法从主体上区分劳务报酬所得和经营所得，那么，究竟如何区分才能更加贴近实务和相关规定呢?

依然以教师培训为例，在劳务报酬所得的一系列事项中最接近此类行为的被称为“讲学”，对应在经营所得中有一种行为叫“办学”。办学可以理解为创办学苑，如培训机构、教育机构、学校等。在经济关系中，双方不仅都是平等的民事主体，而且承包承揽的一方往往需要自备场地、自备道具、自备人力、自备流量（私域或公域均可）、自负盈亏、承担风险。

从这个角度看，在“讲学”或者教师培训的过程中，通常由主办方提供场地、提供道具、提供人力、提供学员，并承担盈亏后果及风险，教师除了获得“课酬费”，无需承担任何责任。如果是现在比较流行的“自媒体培训讲师”呢？对“自媒体培训讲师”的收入认定，也是按照这个逻辑来判断。如果在培训过程中由主办方提供场地、提供道具、提供人力、提供学员，并承担盈亏后果及风险，“自媒体培训讲师”只是收取“课酬费”，就是按照劳务报酬所得计算。如果是“自媒体培训讲师”自己定时间、定直播间、准备道具、准备人力、招揽学员、承担盈亏后果甚至无法开课等风险，那么“自媒体培训讲师”的角色及收入性质就比较符合个体经营所得的标准了。

（2）从个人收益上趋利避害的考量，形成认定差异

从图 8-5 所示的劳务报酬所得和个体经营所得的差异中可以看出，经营所得的整体性价比比劳务报酬更高，如累进税率的最大值、应纳税额的计算，更何况劳务报酬还要与其他三项一起计入综合所得，而经营所得只需要单独计算。

同时，如果在平台上注册为个体户，平台不仅能够帮助个体户处理记账、开票、报税等事项，基于地方与产业园政策，个体户也能享受到经营所得核定征收的相关政策，如图 8-7 所示。

个体/自然人	个体户
个人承揽经营所得	国家个体户规定政策
无需注册主体	月收入定额以下免增值税
月收入定额以下核定税率	个体户及雇员按“灵活”上保
地方个税“核定征收”政策 个人承担3.36%增值税成本	无地方个税“核定征收”情况下成本较高

图 8-7　经济关系中的个体与个体户

因此，无论是从税后收入还是整体操作的角度来看，个体经营所得确实优于劳务报酬所得。加之需要个人前往税务局申报劳务报酬所得，并且每月要预扣预缴一笔不小的费用，年度再进行汇算清缴，因此不少群体涌入了个体经营所得的领域中。

➲ 总结与思考：薪酬拆分的运用与本质

某公司员工小王的月薪是 10 000 元，根据前文“五基合一”的逻辑，小王的社保、公积金、个税等都要以此为基数进行计算，这就导致了企业的用工成本偏高，而小王的实际收入较低。

为了能够降低企业用工成本，同时提高个人的整体收入，就出现了薪酬拆分的概念。薪酬拆分是指在不改变个人原来薪资金额的前提下完成的对薪酬架构的解构与重组。

薪酬拆分主要分为劳动关系内的薪酬拆分和劳动关系外的薪酬拆分。仍以月薪 10 000 元的小王为例进行分析。

（1）10 000 元为纯工资，对应的社保、公积金及个人所得税的基数都以 10 000 元为标准。

（2）8 000 元工资 +1 000 元报销 +1 000 元福利，对应的社保、公积金及个人所得税的基数都以 8 000 元为标准。

如果是劳动关系外的薪酬拆分，小王的薪酬可以被拆分为以下两种形式。

（1）10 000 元为纯工资，对应的社保、公积金及个人所得税的基数都以 10 000 元为标准。结果是企业成本高于 10 000 元，个人收入小于 10 000 元。

（2）10 000 元为劳务报酬所得，劳务关系中没有规定的社保和公积金成本，同时在个人所得税及增值税的问题上，无论是税前还是税后的 10 000 元，都比纯工资的性价比更高。税前 10 000 元意味着虽然员工需要缴纳个人所得税，但税后收入依然不低于纯工资薪金所得，而企业的总成本也控制在了 10 000 元。反之，税后 10 000 元意味着虽然企业会承担个人所得税成本，但总成本依然比工资薪金所得低，而个人实际收入也是 10 000 元。

由此可见，所谓薪酬拆分就是对薪酬的类别和科目进行了排列组合，从而达到双赢的效果。

CHAPTER 9

第九章

离职管理中的工时与工资实务

小王：你好，我要申请离职，请问怎么结算工资？

小陈：按照公司统一的工资发放时间操作，另外请你提前 30 天提出离职申请，否则一切后果由本人承担。

小王：我所在岗位没有什么工作需要交接的，用不了 30 天啊。

小陈：不好意思，这是规定。

小王：另外，我去年的年终奖什么时候发？

小陈：由于你在发放年终奖之前离职，按照公司规定将不予发放。

小王：好吧，我要重新考虑下离职的事情。

第一节　离职支付涉及的项目

在劳资双方结束劳动关系的时候，涉及离职支付的项目大致有以下四类，如图 9-1 所示。

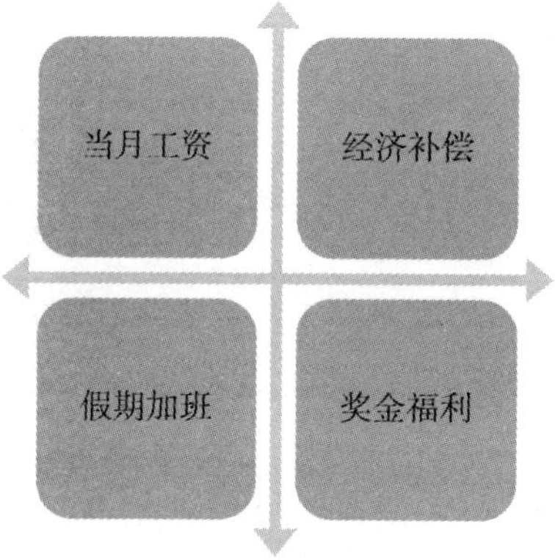

图 9-1　离职支付涉及的项目

离职支付的具体项目如表 9-1 所示。

表 9-1　离职支付的具体项目

种类	具体项目
当月工资	工资、补贴、提成、绩效等
经济补偿	经济补偿金、经济赔偿金、代通知金等
假期加班	加班费、年休假未休折现等
奖金福利	年终奖、季度奖、福利等

离职支付涉及的科目比较多，HR 从业者在确认离职交接手续的时候，需要对各项科目进行逐一排查，尽可能降低离职风险。

例如，小陈于 4 月 12 日从某公司离职，而从 4 月开始小陈就一直休事假，未到公司上班，那么小陈并没有 4 月的出勤工资。由于小陈是自己主动提出离职的，企业方没有过错，因此企业无需向小陈支付经济补偿金。

第二节　离职支付项目的时间节点

通过本章开头的对话可以发现，不同的离职支付项目所对应的时间节点并不相同，甚至连规则也是完全不一样的。离职支付项目的时间节点可以分为如下两类。

（1）到点支付的项目

到点支付的项目是指在员工离职或结束劳动关系后，企业必须支付的费用，并且有比较明确的支付时间。工资就是最典型的项目，各地工资支付规定或条例对工资支付时间都有明确的规定，有的地方甚至要求员工离职时，企业必须将员工的工资结清。但是，这样做会增加人力资源部和财务部等多个部门的工作量，因此许多企业采用的方法是在公司统一的薪资发放日进行发放，一般来说这样的行为也不会存在较大的风险。

例如，小王于 4 月 12 日提出离职，该公司的薪资发放规定是下月发放上月的工资，发薪日为每月 15 日，那么小王 4 月 1 日到 4 月 12 日的工资通常会在 5 月 15 日发放。

（2）完工支付的项目

完工支付的项目是指员工需要达成某种特定条件或完成某种特定任务，企业才会向其支付的费用，通常这笔费用是由企业进行规定或双方曾经协商一致的。经济补偿金、提成、年终奖等是比较典型的完工支付项目。

有些企业的提成类型属于阶梯式或长期的，也就是说，员工无法一次性拿到所有提成。如果此时员工已经离职了，由于提成的任务目标还没完成，按照规则，员工是无法拿到其余提成的；再如经济补偿金，通常企业会要求员工必须完成所有的离职交接任务和手续后才能拿到补偿金。

离职支付项目的时间节点如图 9-2 所示。

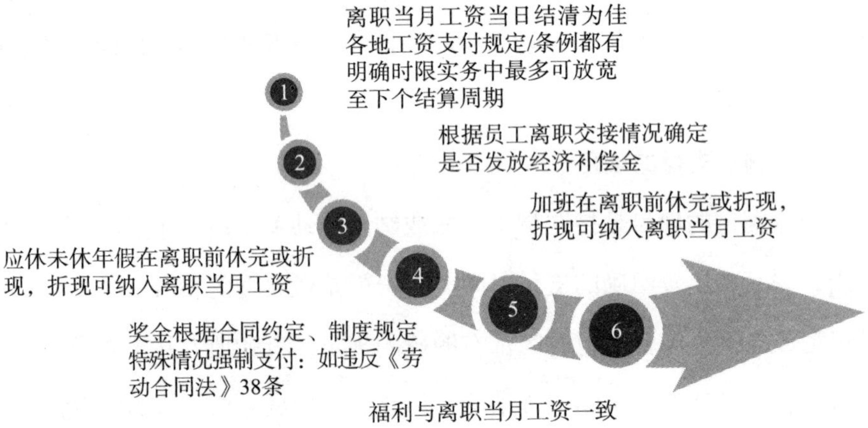

图 9-2　离职支付项目的时间节点

第三节　擅离的离职支付的处理方式

如果员工没有提前 30 天提出离职，企业能不能停发或暂发员工剩余的工资呢？从实际操作来看，虽然相关法规提出了员工需要提前 30 天向企业提出离职申请，但没有明确企业对员工未遵守此项规定的惩罚方式。因此，对于这种情况，企业只能通过合法的约定和规定进行处理了。

结合前文内容，在理清了劳资双方结束劳动关系过程中的常见支付项目，以及常见的支付时间节点后，还需要理清相关的支付条件。

如当月工资类的支付项目，考虑到其基于员工付出劳动后即可获得，因此企业很难直接扣下这部分钱；而对于奖金类和经济补偿类支付项目，由于企业可以进行规定或约定，因此对于没有提前 30 天提出离职申请的员工，企业可以限制和约束这两类支付项目，具体操作可参考图 9-3。

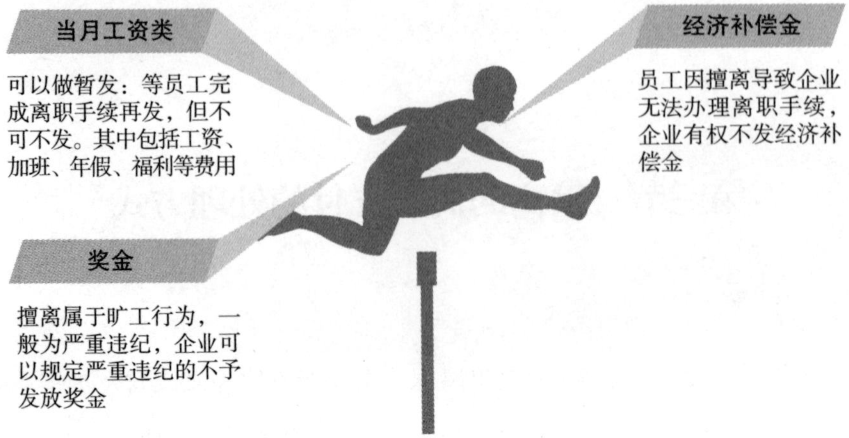

图 9-3　三类支付项目的支付条件

不过，并非所有的离职都有这两类支付项目，如果一个都没有，企业是不是就不能制约这类行为了呢？也不尽然。例如，《工资支付暂行条例》规定，由于员工的工作失误给企业造成损失，企业是可以扣除员工的工资作为赔偿的。但是，每月扣除的总数不得高于员工月工资的 20%，且扣除后剩余工资不得低于当地最低工资标准。

那么，企业该如何利用这一规定呢？在回答这个问题之前，我们要思考为什么劳动法律规定员工需要提前 30 天提出离职申请？这样做既是为了保证员工能正常顺利地完成工作交接，也是为了给企业留出缓冲时间或者找到合适的人来接替离职员工的工作。如果员工提前离职就可能导致工作尚未顺利交接完成或者企业还未找到合适的人选，因此只要企业有证据可以量化因员工的这一行为而造成的具体损失，这一规定就有可能被激活。同时，由于员工离职当月多数处于不完全出勤状态，因此即便企业以低于最低工资标准的金额发放工资也是合法合规的。

➲ 实例分析：结束劳动关系后，企业是否可以不支付年终奖

在第五章中我们提到，由于相关法律对年终奖的规定比较少，因此年终奖的许多条款都是根据劳资双方约定或企业单方规定制定的，这其中就包括劳动关系结束后企业是否需要支付年终奖的问题。和违约金一样，HR从业者需要区分结束劳动关系的方式，不同的结束方式带来的结果可能并不相同。下面将不同的结束方式及对应的年终奖支付情形进行汇总分析。

在劳动者主动提出离职的情况下，发放年终奖的决定权在企业手里（如图 9-4 所示）。因此，企业一定要约定好员工提前离职时年终奖的发放情况，如果没有约定或规定，企业就会显得非常被动。

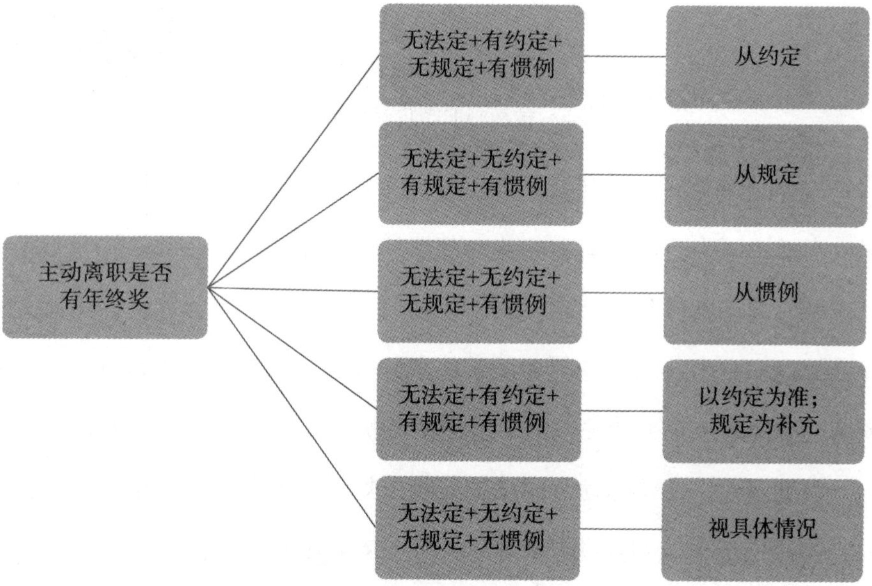

图 9-4　主动离职是否有年终奖

如果是员工被动离职呢？例如，企业违反了《劳动合同法》38 条的相关规定，导致员工被动提出离职，由于企业是过错方，因此在年终奖的支

付判定上会更加倾向于个人。常见的操作是企业依据员工的出勤时间或工作完成情况按比例支付年终奖。

结合图 9-5 可以发现，劳动合同到期时，员工能不能拿到年终奖也要区分具体情况。

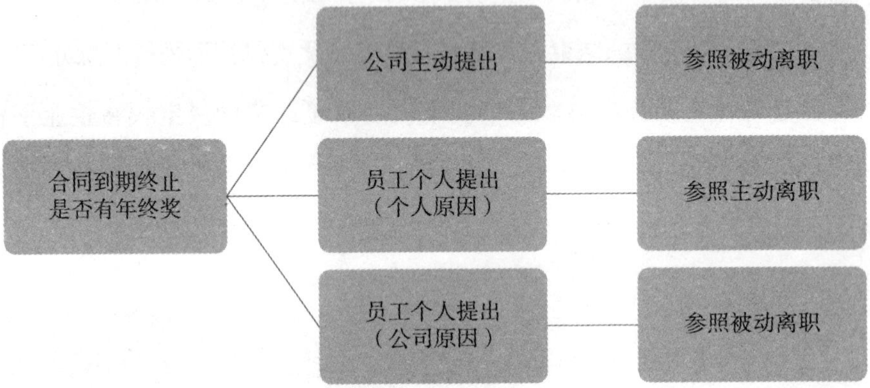

图 9-5　合同到期终止是否有年终奖

在合同到期后，如果双方要续约，从劳动法律规定的底线来说企业要提供不低于原来劳动合同中的劳动条件。这里提到的是劳动条件而不是劳动报酬，劳动条件包括劳动报酬、劳动地点、劳动时间、劳动保障、劳动保险等内容。当劳动条件明显低于原来的劳动合同时，员工是有权拒绝续签劳动合同并终止劳动关系的。这种情形就是员工因公司原因提出终止。

说到终止，在《劳动合同法》等相关规定中还存在着其他类型的劳动关系终止的情形。在这些情形发生后，HR 从业者将如何判断年终奖的发放依据呢？答案是先判断劳动关系终止是因为公司原因，还是员工个人原因，再结合图 9-5 进行分析。例如，企业注销属于公司原因，而员工失踪、死亡、退休等就属于员工个人原因。

根据《劳动合同法》的相关规定，企业在解除劳动关系的过程中也存在着不同的情形，其中分为非公司原因和非个人原因。HR 从业者是否发放年终奖的依据就是判断员工是不是过错方，或者是不是由于员工的主观原因导致的。

➲ 总结与思考：如何妥善处理工资条、工资证明等工资凭证

随着企业合规意识的增强，越来越多的 HR 从业者意识到在发生劳动争议的时候，拥有有效的证据才能证明企业的行为，于是编制、管理工资条和工资证明等工资凭证就成了 HR 从业者日常工作中的一部分。

发放工资条的形式包括但不限于：

（1）表格打印下来后让员工书面签收；

（2）发送邮件告知员工；

（3）发送短信告知员工；

（4）发送微信告知员工。

除了书面签收的工资条外，其他形式的工资条都可以归结为线上操作。书面签收与线上操作的优缺点如表 9-2 所示。

表 9-2　工资条书面签收与线上操作的优缺点

	书面化	电子化
优点	证明成本低 证据效力强 不易被篡改	工作效率高 工作成本低 保存成本低
缺点	工作效率低 工作成本高 保存成本高	证明成本高 证据效力弱 容易被篡改

CHAPTER 10

第十章

常见工时与工资疑难解答

第一节　前 12 个月平均工资计算过程中的特殊情形

在实际操作中，HR 从业者对员工前 12 个月平均工资基数的确认尤为重要，应根据工资总额的规定进行计算。不过，在以下四种特殊情形下，平均工资的计算会有所不同，如图 10-1 所示。

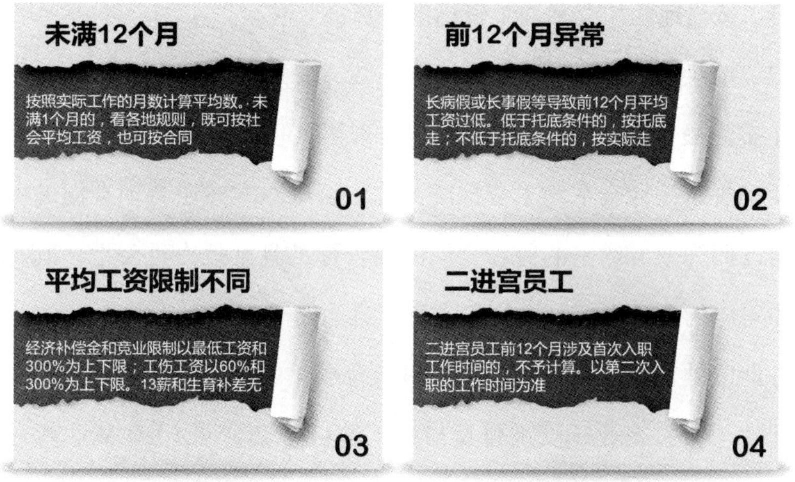

图 10-1　特殊情形下的平均工资计算

在图 10-1 所示的四种情形中，由于后两种情形比较少见，所以本节重点讲述前两种情形。

1. 未满 12 个月

以经济补偿金为例，未满 12 个月是指员工从入职到离职并没有达到 12 个月，准确地说是没有满 12 个整月。例如，小陈于 2021 年 4 月 10 日入职某公司，2021 年 6 月 2 日离职。对于此种情况，HR 从业者一般会按照实际完整月数来计算。由于小陈在公司工作未满 12 个月，因此 HR 从业者在计算经济补偿金的平均工资时只能依据实际月份计算，由于 2021 年 4 月和 6 月小陈并不是整月在职，因此 HR 从业者只能以小陈 5 月的工资作为平均工资的计算依据。

如果员工在某公司的工作时间不足 1 个完整月呢？地方规定中常见的有以下两种情形：

（1）按当地的社会平均工资标准计算；

（2）按双方的劳动合同标准计算。

在实际操作中，HR 从业者更倾向于第二种情形，也就是说，除非当地有明确规定按社会平均工资标准计算，否则双方按照劳动合同的标准计算即可。因为双方约定的劳动合同的薪资标准具有效力且公平，既符合岗位工作对应的薪资水平，也是双方意思自治的表现。

除此之外，还有一种比较极端但符合场景的情形，那就是员工入职时间不足 1 个月，企业还没来得及与员工签订劳动合同。HR 从业者可以优先参考录取通知书中双方约定的薪资。

2. 前 12 个月异常

以产假工资的计算为例，如果员工请了长期保胎假、长事假、产前假等，就会导致其前 12 个月的平均工资明显偏低。针对这种情况，各地的处理方式分成了以下两派。

（1）明确应该剔除的

浙江省、云南省、四川省、深圳市等地都有相关说明，有些地方规定经济补偿金是指劳动者正常工作时间的收入，而有些地方规定不包括非正常工作时间，如医疗期等。不管是因为企业原因还是个人原因导致的员工前 12 个月平均工资存在异常，都是需要剔除的。例如，小陈在离职前的 12 个月内有 6 个月的医疗期及 2 个月的长事假，那么 HR 从业者在计算经济补偿金的时候只能将其另外 4 个月的工资纳入平均工资的计算公式中。

（2）明确计算在内的

重庆市明确非正常工作时间的收入如病假、事假、工伤、探亲假等，属于特殊情况下的工资。前文曾提到过，在特殊情况下支付的工资属于工资总额的一部分。因此计入平均工资的基数计算也算合情合理。

第二节 “做六休一”类企业的注意事项

现在，一些企业已经不再按照传统的工作时间来安排员工作息了。基于相关劳动法律的规定，很多企业开始执行“做六休一”的考勤制度。HR从业者需要多关注以下几个方面。

1. 工时认定

目前法定的工时制度并没有具体限制员工每周的作息天数，因此从规定上说，“做六休一”都是合法合规的。但是，执行“做六休一”考勤制度的企业会更加倾向于申请不定时工时制或综合工时制，这主要是出于加班和成本的考量，同时也会影响到企业对工作时间的配置设定。

2. 工作时间

企业保证“做六休一”考勤制度合法的前提是其对工作时间有一定的条件限制和要求。上文已提到工时认定是基础，并会影响到工作时间的具体安排。

例如，在标准工时制下，员工每周的工作时间不得超过 40 小时，企业实施“做六休一”的考勤制度就意味着员工平均每天的工作时间只有 6.5 小时，一旦超过 6.5 小时，就意味着加班的产生；一旦员工每天工作超过 8 小时，就意味着加班超时的产生。

在不定时工时制下，对工作时间的条件限制和要求就没有标准工时制那么严格了。在综合工时制下，考虑到周期时间内的设定不同于标准工时制和不定时工时制，可能会出现工作时间的波峰和波谷。例如，以 1 个月为周期，员工可以在前 2 周“做六休一”每天工作 9 小时，后 2 周“做六休一”每天工作 4 小时，保持整体平衡，因为一旦超时，企业就会被认定为存在加班问题。

3. 加班计算

企业执行“做六休一”的考勤制度时，加班计算首先面临的是按加班费计算还是调休的问题。由于“做六休一”考勤制度下的公休日只有 1 天，按照《劳动法》的规定，只有那 1 天能够调休，其余 6 天企业是需要向员工支付加班加点工资的。

除此之外，还有加班基数计算的问题。现有规定的加班加点工资是以 21.75 天计薪日为标准计算得出的，而“做六休一”的企业在计算加班加点工资的时候，可以不完全按照 21.75 天计薪日的标准执行，而按照当月实际出勤天数（如 26 天）进行计算。

4. 薪资公式

谈到 21.75 天计薪日，就要说到“做六休一”在计算薪资时使用的公式问题了。21.75 天计薪日作为双休制度之下得出的全年月平均工作日，“做六休一”并不在其范围内。所以 HR 从业者按照月实际出勤天数或出勤比例计算更加合适。

5. 假期调换

法定节假日尤其是春节、国庆等往往会进行特定的调配从而形成连休。调整的参考依据是周末双休，但考虑到“做六休一”的企业周末只休息 1 天，有些企业休息的那 1 天可能也不是周末，因此假期的调配要结合企业及岗位的自身特点进行。

这也是为什么每次法定节假日我们都要区分哪天是标准的节假日，哪天是调休过来的。标准的节假日在没有特殊的情况下是需要正常休息的，而调休过来的节假日则需要根据企业和岗位的工作时间来判断是否休息休假。

第三节 病假管理最复杂的地方之一——上海

在病假管理工作中，与本书相关的内容主要包括医疗期限的计算和病假工资的计算。之所以将上海称为“病假管理最复杂的地方之一”，不仅是因为上海的医疗期限和病假工资的计算方式与其他地方大相径庭，而且它设定了不同的限制。我们先来看下在医疗期限方面，我国大多数地方和上海是如何规定的，如表 10-1 和表 10-2 所示。

表 10-1 我国除上海以外的地方对医疗期的规定

工龄	司龄	医疗期	累计计算时间
$N<10$ 年	$N<5$ 年	3 个月	6 个月内
	$N \geqslant 5$ 年	6 个月	12 个月内
$N \geqslant 10$ 年	$N<5$ 年	6 个月	12 个月内
	5 年 $\leqslant N<10$ 年	9 个月	15 个月内
	$10 \leqslant N<15$ 年	12 个月	18 个月内
	$15 \leqslant N<20$ 年	18 个月	24 个月
	$N \geqslant 20$ 年	24 个月	30 个月内

表 10-2 上海对医疗期的规定

本单位工作年限	医疗期限
$N=1$	3
$N=2$	4

（续表）

本单位工作年限	医疗期限
N=3	5
N=4	6
N=22	24
N=23	24

通过两张表的对比，可以看出我国大部分地区和上海对医疗期限的规定是两个完全不同的计算体系。在常见的医疗期限规定中，医疗期限并不是员工在公司任职期间享受的一次性权利，而是有一定的计算周期的。

例如，小陈的工龄有 5 年，而司龄只有 3 年，他从 2022 年 4 月 13 日开始休病假，医疗期为 3 个月，即从 2022 年 4 月 13 日至 2022 年 10 月 12 日，他可累计享受 3 个月的病假时间。自 2022 年 10 月 13 日起，他还可以再次享有 3 个月的医疗期。可是到了上海，他的情况就完全不同了，上海的医疗期限计算方式只看司龄，即员工从入职的第一年开始享有 3 个月的医疗期，往后每满 1 年则根据 N+2 进行计算，直至 24 个月。按照小陈的情况，他从 2022 年 4 月 13 日开始休病假，医疗期为 5 个月，即从 2022 年 4 月 13 日至 2022 年 9 月 12 日属于医疗期，之后便属于医疗期满。

需要注意的是，在上海，仲裁和法院对员工在工作的第二年享受的医疗期限是 3 个月还是 4 个月存在一定的争议。仅从管理实务的角度来说，按年限顺延递增医疗期限更有利于企业的管理。同时，对特殊疾病患者如癌症患者、精神病患者或瘫痪患者等来说，他们的医疗期一般不低于 24 个月，并且在经过企业和相关部门的批准后可以适当延长。

尽管上海的医疗期限随着员工司龄的增长在逐年增加，但与常见的医疗期限规定对比，上海的医疗期属于“一次性消耗用品”，而常见的医疗期限属于“周期内可以循环使用的”。

表 10-3 是在病假工资的计算方式上，常见的病假工资与上海的病假工资的差异。

表 10-3　常见的病假工资与上海的病假工资之间的差异

	常见病假工资	上海病假工资
参考文件	《关于贯彻执行〈中华人民共和国劳动法〉若干问题的意见》 各地工资支付条例 / 规定（《北京市工资支付规定》）	上海市劳动保障局关于病假工资计算的公告 上海市企业工资支付办法（2016）
基数规定	企业规定 / 双方约定	合同岗位工资标准 / 正常出勤工资的 70%
基数下限	当地最低工资的 80%	1. 当地最低工资 2. 本企业月平均工资的 40%
基数上限	无	本市上年度月平均工资
结构组成	病假工资	病假工资 + 疾病救济费
基数比例	无	60% − 100+40% − 60%
注意事项	无	1. 基数规定的参考优先性 2. 基数下限的明暗线 3. 基数上限的变化性 4. 结构组成的区别性 5. 基数比例的区别性

表 10-3 中注意事项的具体解释如下。

（1）基数规定的参考优先性

由于上海的病假工资基数既不是由企业单方面规定的，也无法在劳动合同中单独约定基数，考虑到劳动合同的实操问题，因此在基数规定上出现了三个有优先级顺序的条款。

首先，在有劳动合同且劳动合同中明确了岗位工资标准的情况下，员工的基数就按照岗位工资来计算。

其次，在某些突发情况下，如员工入职不满 1 个月、未签劳动合同时就生病了，应优先参考集体合同中的相关规定。

最后，如果没有集体合同，就按照劳动者正常出勤月工资（不包括加班工资）的 70% 确定，即（计时工资 + 计件工资 + 奖金 + 津贴 + 补贴）× 70%。

上述三种计算方式存在着使用的先后顺序，并不是任意使用一种都可以的。

（2）基数下限的明暗线

许多地方在为病假工资设定下限时，都明确了不能低于最低工资标准的 80%。随着《上海市企业工资支付办法》的出台，上海的病假最低工资的明线也被提升为最低工资标准了。同时，在原来的病假工资文件中还有一条病假工资基数下限的暗线，即本企业月平均工资的 40%。但在实际工作中很少用到这条暗线，具体原因有如下两个。

① 上海的病假工资基数是根据劳动合同的工资计算的。假如企业的平均薪资比较高，如企业的平均工资为 20 000 元 / 月，那么其 40% 就是 8 000 元，而小王的月薪只有 5 000 元，那么小王的病假工资是不是就变成 8 000 元了呢？当然不是，因为此处还有一个附加规定——不得高于本人原工资水平。所以小王只能按照 5 000 元计算病假工资。

② 病假工资基数有最低工资标准的底线，以上海现有的最低工资标准再加上社保公积金部分倒推，如果要使用企业月平均工资的 40% 这个数字，企业的平均工资要接近 8 000 元 / 月。对平均薪资比较低的企业来说，

显然达不到这个数字。

由此可见，虽然上海病假工资支付的规定中一直存在着这条暗线，但因为其适用场景和范围比较小，所以很容易被忽略。

（3）基数上限的变化性

不同于其他地方，上海的病假工资是有上限的。不过，近年来上海的上年度月平均工资在不同的场景下是有变化的。例如，缴纳社保时参考的上年度月平均工资和计算经济补偿金时参考的上年度月平均工资就不同。目前上海的新社会平均工资标准会在每年 7 月执行。因此，在上海市公布其上年度月平均工资时，HR 从业者要注意一下其参考场景的变化。

（4）结构组成的区别性

上海的病假收入分为病假工资和疾病救济费两个部分。连续病假 6 个月内的支付标准参考病假工资，而连续病假超过 6 个月的支付标准参考疾病救济费。例如，小孙在 2021 年 4 月 14 日到 10 月 13 日处于连续病假状态，企业就要按照病假工资支付小孙这 6 个月的工资。如果小孙痊愈并正常上班了，但在 11 月由于病情反复需要申请病假，此时并没有连续病假超过 6 个月，所以企业不能按照疾病救济费向小孙支付工资，依然要按照病假工资支付。

（5）基数比例的区别性

上海的病假工资与疾病救济费会根据劳动者在公司的司龄不同而有比较大的区别，其中主要是比例上的区别，原则上是司龄越长，病假工资和疾病救济费的支付比例就越高。

职工因疾病或非因工负伤连续休假 6 个月以内的，企业应按下列标准支付疾病休假工资：

1. 连续工龄不满 2 年的，按本人工资的 60% 计发；

2. 连续工龄满 2 年不满 4 年的，按本人工资的 70% 计发；

3. 连续工龄满 4 年不满 6 年的，按本人工资的 80% 计发；

4. 连续工龄满 6 年不满 8 年的，按本人工资的 90% 计发；

5. 连续工龄满 8 年及以上的，按本人工资的 100% 计发。

职工疾病或非因工负伤连续休假超过 6 个月的，由企业支付疾病救济费：

1. 连续工龄不满 1 年的，按本人工资的 40% 计发；

2. 连续工龄满 1 年不满 3 年的，按本人工资的 50% 计发；

3. 连续工龄满 3 年及以上的，按本人工资的 60% 计发。

第四节　提成的合理发放

提成的常见类型如图 10-2 所示。

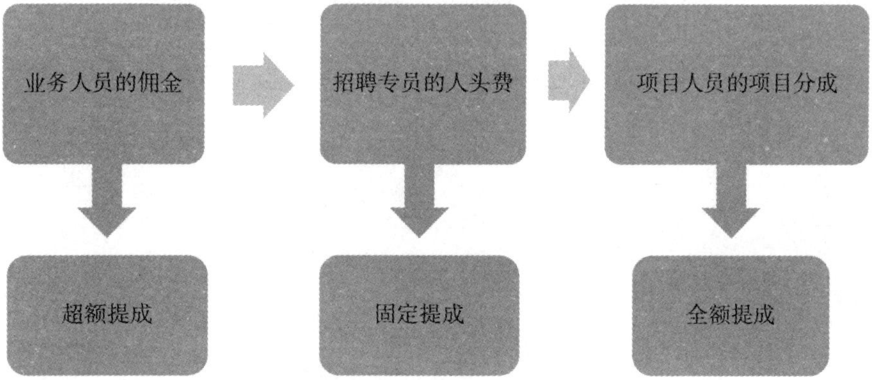

图 10-2　提成的常见类型

提成的纳税原理有两点，即发放科目和发放方式。

（1）发放科目

提成属于发放科目中工资薪金所得的组成部分，无论是哪种提成都需要计入工资薪金所得。如果将提成换成其他发放科目，常见的薪酬架构组成里有一些是无需缴纳个税或者可以享受个税优惠政策的科目，如年终奖、经济补偿金。如果跳出工资薪金所得的局限，相比于工资薪金所得，个人所得税的税率会更低一些，可以适当提高员工收入。

（2）发放方式

如果无法调整或改变提成的发放科目，HR从业者就可以合理规划提成的发放方式，如图10-3所示。

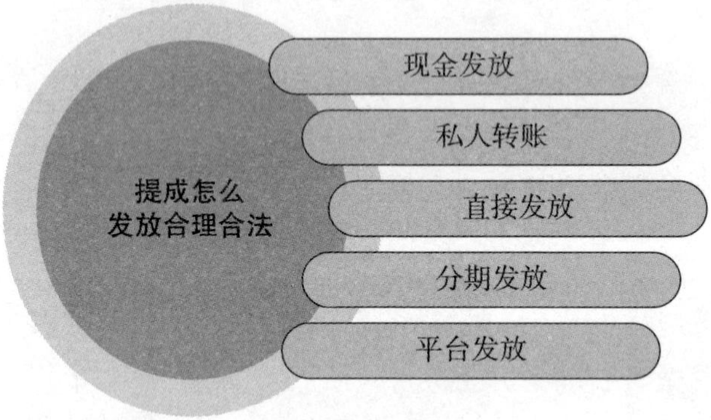

图10-3　提成的发放方式

第五节　疫情下企业工时与工资的常见问题处理

新冠肺炎疫情的暴发对企业的整体用工管理工作造成了一定的影响，但细心的从业者发现，2020 年的疫情和 2022 年的疫情在工时与工资管理方面存在着一定的差异，本节将该问题分为两个部分来讨论。

2020 年初，新冠肺炎疫情暴发的特点是覆盖面广，也就是说我国许多省市都遭遇了疫情，但只是湖北武汉最为严重。在这个阶段中，HR 从业者应该注意哪些方面呢？具体内容如图 10-4 所示。

政策总结

- 注意收集与疫情相关的国家和地方新政
- 注意收藏与疫情相关的法规
- 注意提醒企业违反政策的后果

图 10-4　2020 年 HR 从业者的关注重点

具体来说，HR 从业者应该关注图 10-5 所示的相关政策。

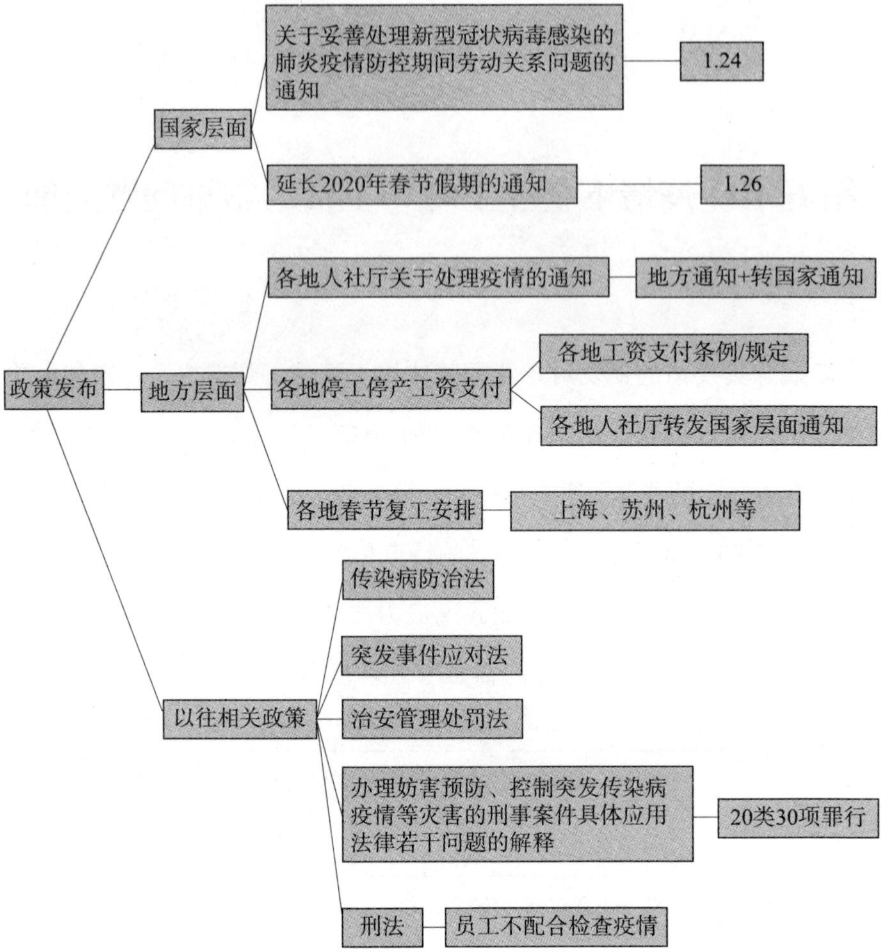

图 10-5　HR 从业者应该关注的政策

其中，除了关于延长春节假期的相关通知政策之外，其他政策到目前为止依然适用且合理，基于当时的情形，笔者做了一个与工时、工资相关联的梳理如图 10-6 所示。

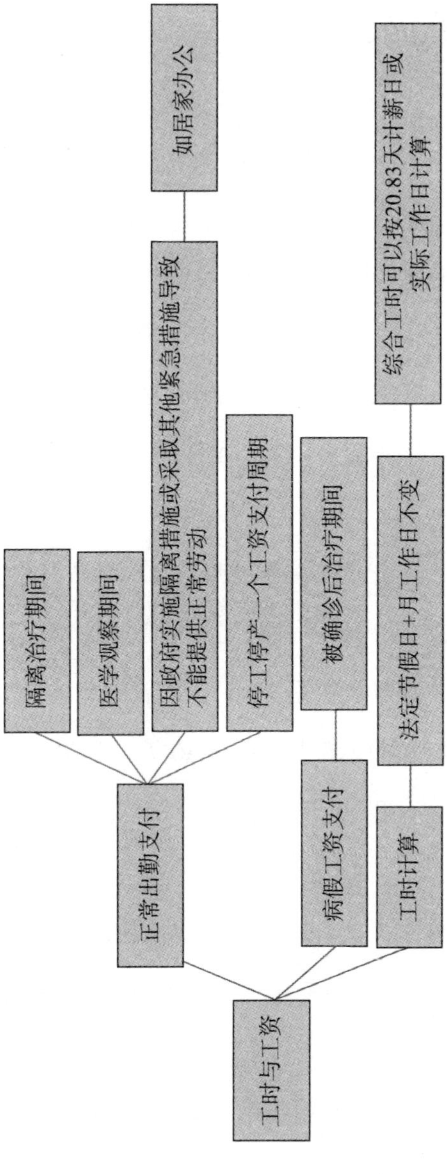
工时与工资
正常出勤支付
隔离治疗期间
医学观察期间
因政府实施隔离措施或采取其他紧急措施导致不能提供正常劳动
如居家办公
停工停产一个工资支付周期
病假工资支付
被确诊后治疗期间
工时计算
法定节假日+月工作日不变
综合工时可以按20.83天计薪日或实际工作日计算

图 10-6　工时与工资

虽然停工停产的工资支付规定非常明确，但在实际操作中依然存在着如下一些细节问题。

（1）一个工资支付周期的理解问题

小陈所在的公司于2022年3月5日宣布停工停产，而公司规定在每月15日发放上一个月的工资，就出现了3种对于一个工资支付周期的理解。

① 有HR认为一个工资支付周期是从公司宣布停工停产开始计算，也就是2022年3月5日到2022年4月4日的工资是需要按照正常情况发放的。

② 有HR认为一个工资支付周期是根据企业发薪的时间周期计算的，也就是2022年2月15日到2022年3月14日的工资是需要按照正常情况发放的。

③ 有HR认为一个工资支付周期是根据当时的自然月来计算的，也就是2022年3月5日到2022年3月31日的工资是需要按照正常情况发放的。

首先，一个工资支付周期未必是30天，或者说只有当员工执行的是月薪制的时候，一个工资支付周期才可能是30天；如果是非全日制用工，一个工资支付周期显然就不是30天。因此，一个工资支付周期从来没有被规定过只能是30天。

其次，②或③的理解方式也存在着比较大的瑕疵。如果按照②的操作，小陈的公司完全可以在3月13日或3月14日的时候宣布停工停产，那么员工从3月15日就进入了第二个工资支付周期，只能按比例享受最低工资了。这显然不符合停工停产规定中对劳动者的保护原则。理解方式③也是一样，如果公司选择在3月30日宣布停工停产，从4月开始员工的收入是不是就没有保障了呢？

因此，①的理解方式是最符合原则且贴近实操的。

（2）停工停产是只能“全部”还是能“局部”

答案是既可以是局部停工停产，也可以是全部停工停产。需要注意的是，“局部”的停工停产需要具备合理性和公平性，也就是我们常说的不存在主观恶意地进行针对性停工停产。例如，基于疫情导致的业务无法开展等，而不是在劳动者明明能正常提供劳动的情况下恶意停工停产，这类行为对标的就是《劳动合同法》中不按劳动合同约定提供劳动条件。

为了避免出现这样的情况，无论是全部停工停产还是局部停工停产，企业最好能够与劳动者协商一致，或者经过民主程序，与工会、职代会或职工代表确认意见。

（3）“间断性”停工是累计计算还是重新计算

停工停产期间的一个工资支付周期是可以在多次停工的过程中累计，还是需要重新计算呢？很多地方的规定都是需要重新计算。也就是说，如果企业在 3 月进行了一次停工停产，不到一个月的时间恢复了；到了 4 月又不得不停工停产，此时的一个工资支付周期依然从 4 月停工开始计算。这也就意味企业随意安排停工停产的行为并不能带来很好的降本效果，甚至可能会增加用工成本。例如，企业在 3 月和 4 月都要支付正常工资，而企业如果在 3 月和 4 月连续停工停产，则 4 月只按比例支付员工的最低工资即可。

2022 年初，新冠疫情在全国各地出现反弹。目前各地执行的很多政策依然延续参考 2020 年初颁布的政策，如停工停产、四类人员及居家办公人员的出勤认定及工资支付。那么，这两者有没有哪些不同之处呢？以上海为例，不同之处主要分为以下两个方面。

（1）背后支持措施不同

尽管上海曾经发布过关于支持抗疫的 16 条措施，但是相对于 2020 年有国家层面规定的社保减免和缓缴措施，目前直到 2022 年 4 月中旬都几乎没有对企业支持比较大的相关政策内容。

（2）从规制到共存

关于规制，比较典型的有两个地方，一个是在上文提到的 16 条措施中因政府依法采取管控措施，导致企业停工停产或劳动者不能返岗的，劳动关系双方应强化同舟共济、共克时艰的理念，尽可能协商解决。在 2020 年人力资源和社会保障部的相关文件中，对因政府规定接受隔离措施的员工，企业要向员工支付正常工资。今年这一条规定的提出正式决定了企业在处理工时与工资时能够更加柔和。

对于在疫情期间因政府实施隔离措施导致员工无法正常上班的，HR 从业者在处理工时与工资时，可以参考表 10-4 所示的建议。

表 10-4　HR 从业者处理隔离员工工时与工资时的注意事项

类型	具体形式	注意事项
需协商一致	单独降薪	签订书面协议或变更合同
	无薪事假	社保公积金等保持不变
	轮岗调薪	区分工作时间和工时制度
可无需协商一致，通过民主程序	集体降薪	降薪幅度合理，不具针对性
	停工停产	停工原因合理，不具针对性
	年休假与调休	企业自主安排，并通知员工
	补休	注意不要造成员工后续无公休日